JN440019

보릿고개를 넘어온 사람들

되돌아 보니 사랑과 꿈이 함께한 삶이었습니다

보릿고개를 넘어온 사람들

초판 1쇄 인쇄 | 2022년 5월 20일
지은이 | 염동립
펴낸이 | 이재욱(필명:이승훈)
펴낸곳 | 해드림출판사
주 소 | 서울 영등포구 경인로82길 3-4(문래동1가 39)
센터플러스빌딩 1004호(07371)
전 화 | 02-2612-5552
팩 스 | 02-2688-5568
E-mail | jlee5059@hanmail.net

등록번호 제2013-000076
등록일자 2008년 9월 29일

ISBN 979-11-5634-504-6

보릿고개를 넘어온 사람들

되돌아 보니 사랑과
꿈이 함께한 삶이었습니다

염동립 수필집

해드림출판사

머리글

과거의 삶을 모르는 세대들에게
우리의 과거를 알려
앞으로는 그런 어려움을
겪지 않아야겠다는 의지를 심어주고
갖은 고난과 역경을 이겨내고
잘사는 나라를 물려준 조상들에게
감사하는 마음을 갖도록 하고픈 마음

지금의 6, 70대들의 성장기인 1950년대는 우리나라가 매우 어려웠던 시절이었습니다. 일제의 압제와 수탈에서 벗어나자마자 일어난 6·25 전쟁으로 말미암아 나라의 살림이 피폐할 대로 피폐하여 말할 수 없는 어려움을 겪어야 했습니다.

3년여에 걸친 전쟁으로 수백만에 이르는 인명 피해와 1000만 이산가족 발생, 잿더미로 변해버린 산업시설, 삶의 터전을 상실해 버린 이재민, 이념을 달리하는 사회적 갈등 등 이루 헤아릴 수 없는 어려운 상황에서 그저 하루하루를 살아간다는 자체가 신기할 정도로 어렵고 험난한 삶이었습니다.

무엇보다도 식량이 부족하여 굶주린 삶의 표징이었던 보릿고개를 생각하면 어떻게 어려웠던지 오늘날의 생각으로는 그려볼 수 없는 어려운 일들이 너무 많았습니다.

나라의 경제를 비롯한 모든 여건이 너무나 열악한 처지에 있었기에 좀처럼 힘을 얻지 못하고 어떤 분야에서는 70년대나 80년대까지도 그 어려움이 이어지기도 했습니다.

요즈음 TV에서 아프리카 지역 주민들의 굶주린 모습을 볼 때면 6·25 전쟁 중에 제대로 먹지 못하여 영양실조에 질병까지 겹쳐 시달리다가 앙상하게 뼈가 드러낸 채 죽어간 우리 마을 조왕새라는 어린애 모습이 되살아납니다.

돌이켜보면 1인당 국민소득이 몇십 달러에 불과한 처지에서 다른 나라의 도움까지 받아가며 근근이 살아가고 있는 삶에서 어려움이 많았을 것은 당연한 일이겠지만 그 정도가 너무나 심하였기에 잘 잊히지 않는 것 같습니다.

다행히 1960년대부터 경제개발계획을 세우고 정부와 온 국민이 하나가 되어 노력한 끝에 오늘날 우리나라가 선진국의 대열에 진입하여 OECD 회원국으로서, 그리고 G20의 회원국으로 나라의 위상이 높아지고 하, 동계올림픽이나 월드컵 같은 굵직한 국제 경기들도 유치하여 훌륭히 해내리만큼 눈부신 성장과 발전을 가져온 것은 당시를 살았던 사람들이 그 지독한 가난을 물리치고 후손에게는 가난과 무지를 물려주지 않겠다는 각오로 열심히 일한 데 힘입은 바가 컸다고 생각됩니다.

우스갯소리이겠지만 노년기 세대들이 6·25 전쟁 무렵에 '밥을 먹지 못하고 살았다.'라고 하는 말에 젊은 세대들이 '참, 밥이 없으면 라면이라도 끓여 먹으면 되지 왜 굶어요?'라고 대답하더라는 이야기가 있습니다. 여기에는 과거의 삶을 너무도 모르는 세대들에게 우리의 과거를 알려 앞으로는 그런 어려움을 겪지 않아야겠다는 의지를 심어주고 갖은 고난과 역경을 이겨내고 잘사는 나라를 물려준 조상들에게 감사하는 마음을 갖도록 해야 한다는 강한 메시지가 담겨있다고 생각됩니다.

이러한 생각에서 단편적이나마 제가 어려웠던 시절에 겪었던 일들, 이를 이겨내기 위하여 몸부림치던 모습들, 작은 일에도 감사하며 정답게 살았던 모습들, 저마다 소박한 꿈을 지니고 열심히 노력하였던 모습들, 그리고 6·25 전쟁 당시의 잊히지 않는 추억들을 모아 오늘날의 모습과 비추어 보면서 소개하고 싶었습니다.

제가 나고 자란 곳이 농촌이고 너무나 가난한 삶 속에서 체험한 내용이기에 도시지역이라든지 조금이라도 여유가 있는 환경에서 자라난 사람들에게는 얼른 와 닿지 않는 부분이 많이 있을 줄로 생각됩니다.

그러나 당시의 열악한 시대적 여건 속에서 정도의 차이는 있지만, 대다수 국민이 겪었던 삶의 모습을 그냥 묻어두기에는 너무나 아까운 이야기들이기에, 그리고 누군가는 어려웠던 시절의 삶의 모습과 이를 극복하기 위하여 애쓰던 모습을 후세에 전해주어 그 고난의 극복과 성장의 에너지를 역사적 자산으로 삼아 나아가야 할 필요성이 절실하다고 여겨지기에 글재주가 없는 처지이지만 감히 책으로 엮어 보았습니다.

아무쪼록 이 책이 당시를 살았던 사람들에게는 애환 깊었던 추억을 되돌아볼 기회가 되고 전후 세대와 젊은이들에게는 우리의 과거를 알고 오늘을 살며 미래를 계획하는데, 다소나마 도움이 되었으면 하는 마음, 그리고 역사를 잊지 않고 소중히 여기는 민족으로 든든히 서 가는 데 조금이라도 보탬이 되었으면 하는 마음 간절합니다.

끝으로 같은 시대를 살아오면서 다른 지역에서 자신이 겪은 소중한 체험을 저에게 글의 소재로 제공해 주고 글을 보완하는 데에도 큰 도움을 준 제 아내와 이 책이 발간되기까지 지도와 격려를 아끼지 않으신 해드림출판사 이승훈 사장님께 깊은 감사를 드립니다..

2022년 2월

염동립

차례

머리글 · 4

1부 춥고 배고팠던 시절

보리밥을 먹으며 · 14

한 조각의 떡 · 19

구워 먹던 도시락 · 23

돼지 잡던 날 · 27

자장면 냄새 · 33

겨울철에 웬 수박이…… · 36

소병을 앓던 사람들 · 39

김, 그리고 김밥 · 43

보릿고개를 넘어서 · 47

홑이불을 둘러쓰고 · 53

나일론 양말 · 59

추억의 고무신 · 63

온돌방 명암 · 69

2부 가난을 이겨내고

좀도리 배미 · 76

나뭇짐을 팔아서 · 80

우물 안의 개구리 세상을 보다 · 84

진정한 농사꾼 · 89

꼴찌의 변신 · 93

제 먹을 복은 다 타고나는 법인데 · 97

모깃불을 피워 놓고 · 104

황토 지우개 · 109

60리 통학 길 · 113

메아리가 사는 산 · 118

며느리의 솜씨, 그 여한 · 123

알뜰한 절전 · 128

3부 그리움을 남긴 삶

동네 백이, 그 나눔의 미학 · 134

우물가의 서정 · 138

친구야 같이 놀자 · 143

열 살 차이도 벗이었는데 · 147

어머니, 무슨 국을 끓일까요? · 151

새벽닭 울음소리 · 154

품앗이, 그 아름다운 풍속이여 · 158

자주 강(講)을 받아 주세요 · 164

상여 나가던 날 · 169

윷 한판 신나게 놀아 보았으면 · 174

부라코네 정미소 · 178

조금 먼 것이 흠인데 · 182

다음 장날 또 만나세 · 188

4부 더 나은 삶을 그리며

묻지 마 갑자생(甲子生) · 196

헛간에 있던 변소 · 203

이 잡기 작전 · 208

어떻게 가꾼 것들인데 · 214

밥상머리 가르침 · 218

땅값이 뭐기에 · 224

뒷등에서 재주를 넘다 · 229

반장의 왕국 · 234

자랑스러운 표창장 · 244

고려사도 우리의 소중한 역사인데 · 249

머릿속의 세계 여행 · 255

5부 어린 눈에 비친 6·25 전쟁

지겨웠던 노래 연습 · 263

평생 흉터를 지니고 · 266

아버지의 절규 · 270

책상 없는 천막 교실 · 273

어렵게 살던 피난민들 · 276

1부

춥고 배고팠던 시절

보리밥을 먹으며

많은 사람이 무등산 등산을 마치고 내려오는 길이면 점심이나 저녁을 으레 등산로 입구에 즐비하게 늘어선 보리밥집에 들러 맛있게 먹고 나온다.

별식으로 차려진 꽁보리밥에 반찬이 줄잡아 20여 가지나 되는 훌륭한 밥상이다. 갖가지 싱싱한 채소와 산나물에 젓갈과 고추장, 참기름을 곁들여 비벼 먹으면 좋을 성싶어 땀 흘리며 내려온 등산객들에게 군침이 감도는 식탁이다.

옛날에 먹고살기가 어려워 여름철이면 어쩔 수 없이 먹고살았던 꽁보리밥과는 그 맛과 느낌이 사뭇 다른 밥이다.

보리밥은 수천 년 동안 쌀밥과 더불어 우리 민족의 주식으로 자리를 지켜왔으며 여름철에는 일부 부잣집을 제외하고는 거의 모든 사람이 보리밥을 먹었다.

벼농사를 지어 이듬해 여름까지 쌀이 남아있는 집에서는 보리에 쌀을 약간 섞어 먹기도 하였지만 이런 사람들은 한 마을에서 불과 몇 집에 지나지 않았으며 끼니마다 흰 쌀밥을 먹고 사는 집은 찾아볼 수 없었다.

제법 잘사는 집이라고 해도 쌀과 보리가 반씩 정도인 반섞이를 먹고살았다.

대부분 가정이 식량이 부족하여 보릿고개를 겨우 넘고 살아온 터이기에 쌀이 바닥나 여름철에 있을 제사라든지 어른의 생신, 농사철 농사짓기에 쓸 것들로 조금씩 몫 지어 남겨 둔 것뿐이므로 햅쌀이 나오기까지는 꽁보리밥을 먹을 수밖에 없었다.

더구나 여름철에는 채소를 별로 가꾸지 않고 냉장시설이 전혀 없었기 때문에 반찬을 오래 두고 먹을 수도 없어 가난한 집의 밥상은 꽁보리밥에 된장국, 생된장, 풋고추에 무장아찌 정도에 그쳤다.

참으로 초라하기 그지없는 밥상이었으며 과식하다시피 많이 먹어도 금방 시장기를 느끼는 밥이었다.

보리밥을 먹을 때면 우리 마을 위뜸 맨 꼭대기 오두막집에 살던 엿장수 박 씨 아저씨의 모습이 떠오르곤 한다.

유난히 큰 사기 밥그릇에 꽁보리밥을 고봉으로 가득 담은 밥에 반찬이라곤 풋고추마저도 없는 된장 한 접시를 달랑 놓은 낡은 개다리소반에서 수북이 떠낸 밥숟갈에 된장을 조금씩 떼어 위에 얹어 먹으면서 보고 있는 사람들에게 멋쩍어하던 모습, 한 그릇 그것도 고봉으로 먹었지만, 끼니가 가까워지면 유난히 배고파하였다.

보리밥이 오늘날에는 웰빙 식사로 어딘지 낭만적인 뉘앙스를 느끼게 하지만 일제 강점기와 6·25 전쟁을 겪은 세대들에게는 많은 애환이 서린, 참으로 먹기 거북하여 어쩔 수 없이 먹고살았던 밥이었으며 반찬마저 변변찮아 어서 가을이 되어 쌀밥 먹기를 학수고대하였다.

아이들은 배롱나무꽃이 몇 번 피었는가를 늘 묻곤 하였다. 배롱나무꽃이 세 번 피고 나면 벼가 누렇게 익어 쌀밥을 먹을 수 있었기 때문이었다.

꽁보리밥을 먹을 때면 밥맛을 즐기면서 먹는다기보다는 끼니를 때우기 위하여 마지못해 먹는다고 하는 편이 더 나을 것이다.

보리밥은 쌀밥과 달리 식어 버리면 딱딱하게 굳어져 버려 그냥 먹기가 매우 거북하지만, 농사일이 바쁜 가운데 점심 지을 시간이 없다 보니 하는 수없이 대부분 가정이 식은 밥을 먹게 되는데 조금이라도 부드럽게 먹고자 이를 시원한 물에 말면 풀기가 없어 밥이 난알로 가라앉게 된다.

보리 밥알을 한 숟갈 입에 넣고 매운 풋고추를 된장에 찍어 싹둑 베어 밥과 함께 씹다가 보면 어떻게 매운지 그 화끈하게 절여 있는 입속을 달래기 위해 몇 숟갈씩 퍼 넣다 보면 어느새 한 그릇을 다 먹게 되어 밥 먹는데 걸리는 시간은 채 5분도 안 되는 경우가 많다.

이렇게 식생활이 부실한 가운데에서도 기나긴 여름날 해가 저물도록 농사일을 해야 하니 기력이 부치고 고통스럽기 그지없는 일이었다.

밥이 좋지 않으면 반찬이라도 좋다든지 영양분을 제대로 섭취하지 못했으면 에너지라도 적게 소모해야 하는데 오히려 땀을 흘리며 일을 더 많이 해야 하니 몸에 무리가 갈 수밖에 없었던 것 같다.

이렇다 보니 나이가 든 사람들은 여름 한 철 지나고 나면 알아보게 수척해지고 늙어가는 모습들을 볼 수 있었다.

그래도 보리밥은 가을에 거두어들인 쌀만으로는 한 해 동안의 식량이 되기에는 턱없이 부족한 처지에서 여름 한 철 국민의 식량으로, 주식으로서 역할을 훌륭하게 해온 고마운 밥이었다.

내가 어렸을 때인 6·25 전쟁 무렵에는 흉년이 들었다든지 식량 사정이 너무나 어려울 때면 보리밥도 제대로 먹지 못하고 하루에 한두 끼니는 밀가루나 보릿가루 죽으로 해결했던 형편에서 꽁보리밥이나마 끼니마다 밥을 먹고 사는 것만으로도 무척이나 감사해야 할 일이었다.

어느 날 저녁 집에서 보릿가루 죽으로 저녁을 먹고 어머니 심부름으로 마을 구장(현재 통장) 집에 들른 일이 있었는데 가족이 한 상에 둘러앉아 꽁보리밥이지만 맛있게 먹고 있던 모습이 어찌나 부럽던지 지금도 잊히지 않는다.

지금은 도정기술이 발달하여 보리쌀도 쌀처럼 그냥 밥을 지어도 되지만 당시에는 방아를 찧어도 완전히 껍질이 벗겨지지 않아 밥을 짓기 전에 보리쌀을 물과 함께 돌확에서 갈아 껍질을 벗겨내 씻은 후 초벌 삶아, 대바구니 같은 것에 담아 한참 놓아두었다가 어느 정도 퍼지고 부드러워지면 다시 가마솥에 앉혀 다시 불을 지펴서 지어야 하는 곱삶이였다.

이처럼 밥을 짓는 과정이 쌀밥보다 훨씬 불편하고 시간이 오래 걸리지만, 이러한 수고를 마다하지 않고 정성을 들여 지은 밥이기에 식구들은 비록 쌀 한 톨 섞이지 않은 꽁보리밥이지만 감사하는 마음으로 맛있게 먹던 모습들, 꼭두새벽에 일어나 두어 시간도 넘게 밥을 짓느라 반찬을 마련하느라 분주하게 애썼던 어머니는 식구들이 맛있게 먹고 있는 모습을 기쁨으로 바라보면서 누군가가 더 먹고 싶어 하면 자기 밥을 아낌없이 덜어주던 모습은 모성애가 물씬 풍기는 아름다운 장면이었다.

보리밥! 민족의 여름철 주식으로 든든히 자리를 지켜오던 밥이 이제는 쌀의 생산이 증대되고 밀가루 음식이 자리를 넓혀감에 따라 이제 주식으로서의 자리에서 밀려나고 말았다.

지금은 쌀이 없어 보리밥만 먹는 집은 거의 찾아볼 수 없게 되었으며 다만 가족들의 건강을 위하여 쌀에 약간씩 섞어서 먹는 경우와 별식으로 사 먹는 꽁보리밥 정도로 명맥이 유지되고 있다.

흰쌀밥보다는 보리쌀을 섞은 밥이 건강에 좋고 성인병을 예방하는 효과도 있다고 하는데 보리밥에 더 관심을 두고 어려웠던 시절에 그렇게 먹고 싶어 했던 반섞이 밥 정도를 즐겨 먹으며 보리를 이용한 식품의 개발에도 힘써 건강도 챙기고 소비도 늘려가면 어떨까?

한 조각의 떡

우리가 어렸을 때인 1950년대는 국가 경제 기반이 취약한 데다 6·25 전쟁이 계속되거나 끝난 직후였기 때문에 사람들이 살기가 매우 어려웠다.

식량이 부족하여 하루 세끼를 제대로 먹기조차 어려웠으며 밥을 먹는 것 외에는 별다른 간식을 먹을 수가 없었다.

그러기에 어린아이들도 영양가 있는 간식을 먹는 것은 생각할 수 없었고 떡이나 고기를 먹는 것도 명절이나 제삿날, 어른들의 생일에나 있을 수 있는 일이었다. 형편이 넉넉하지 못한 가정에서는 아이들의 생일은 돌에나 생일떡을 마련하여 쇠 주지만 나머지 생일은 성년이 되어 가정을 이루기까지 그저 날짜만 기억하는데 그치는 경우도 많았다.

그 무렵에 떡은 사람들이 가장 먹고 싶어 하는 음식이었으며 '보기 좋은 떡이 먹기도 좋다.'느니 '운이 좋으면 꿈에도 떡을 얻어먹는다.'라느니 '떡 줄 사람은 생각도……', '그림의 떡' 등등 떡에 대한 속담이나 일화가 수없이 많은 것도 떡이 명절이나 모든 행사의 대표적이며 필수적인 음식으로 사람들의 사랑을 받아

왔기 때문이었다.

어떤 잔치에서 다른 음식을 아무리 잘 먹었을지라도 떡을 먹지 않으면 어딘지 모르게 아쉬움을 느끼게 되어 '떡도 없는 잔치를 하였다.'라고 허물로 들추기도 하였다.

이처럼 떡이 우리 음식문화의 중심을 이루고 있었기에 설이나 추석 명절에는 여러 가지 떡을 만들어 이웃들과 나누어 먹었으며 아이들도 마음껏 먹을 수 있었다.

평상시에는 떡을 먹고 싶어도 없어서 못 먹던 차에 명절에는 마음껏 먹을 수 있어 한꺼번에 너무 많이 먹어 신트림하며 몹시 부대끼는 아이들이 많이 있었던 것도 명절날 흔히 볼 수 있는 모습이었다.

그러나 명절이 지나고 나면 떡을 먹을 기회가 좀처럼 없었으며 마을에서 괜찮게 사는 집의 초상 때와 소상(小祥)이나 대상(大祥) 날은 아이들도 떡을 먹을 수 있는 모처럼의 기회가 되었다.

지금은 사람이 죽으면 장례를 치름으로 상을 마치게 되지만 4, 50년 전까지도 거의 모든 가정에서 3년 상을 지냈다.

장례 기간이나 소상, 대상 날에는 밤을 새워가며 제사를 지내는데 날씨가 추울 때는 마을 사람들이 모여 마당 가운데 모닥불을 피워놓고 불을 쬐면서 제사 드리는 모습을 살펴보며 슬픔을 같이하며 유족들을 위로하였다.

어린아이들도 더러 나와 불을 쬐며 제사가 끝나기를 기다리는

데 이들은 제사에 동참하기 위한 것이 아니고 제사를 마친 후에 나누어주는 떡을 얻어먹기 위함이었다.

어린아이들이 초저녁부터 새벽닭이 울어 제사가 끝나는 새벽 서너 시쯤까지 오직 한 조각의 떡을 얻어먹으려고 이렇게 오랜 시간을 기다리다니…….

나도 다른 아이들과 같이 제삿날이면 일찌감치 나가 떡이 나누어지는 시간만을 기다리며 밤을 지새운 적이 여러 번 있었다.

막상 떡을 받았을 때는 그토록 오랜 기다림 끝에 돌아오는 몫은 겨우 어른 손가락 두 개 만큼밖에 안 되는 한 조각의 떡, 그 많은 시간을 기다렸던 것과 비교하면 너무나 적은 몫이었다.

어른들은 떡과 술, 고기, 생선, 나물들을 푸짐하게 먹으면서 아이들에게는 고작 떡 한 조각이라니 참으로 불공평하다는 생각이 들기도 하였다.

마음껏 먹고 마시며 만족해하는 어른들이 모습이 얼마나 부러웠던지…….

그 작은 떡을 얻어먹기 위하여 처음부터 그렇게 기다릴 것이 아니라 제사가 끝나는 시간에 맞추어 가서 얻어먹으면 되지 않느냐고 말할 수 있다.

알람시계는 물론 보통 시계도 별로 없던 시절에 아이들이 잠을 자다가 그 시간에 잠이 깬다는 것이 결코 쉬운 일이 아니며 아이들에게도 염치가 있어서 다만 얼마 동안이라도 기다렸다가 떡을 얻어먹는 것이 떳떳한 일로 생각하고 있었기에 대개 밤 9

시나 10시쯤에 가서 기다렸었다.

늦가을 동네에서 제일 부잣집인 남계댁네 대상 날이 돌아왔다. 나는 제사떡을 얻어먹으러 갈까 말까 망설이는 가운데 '그까짓 먹어봐야 배도 부르지 않는 것을 얻어먹으려고 그 많은 시간을 소비하는 것은 진짜 낭비가 아닌가?' 하는 생각이 들어 그곳에 가지 않기로 마음먹고 숙제를 마친 후 잠자리에 들었다.

그러나 잠자리에 들자마자 떡 생각이 떠올라 좀처럼 잠을 이룰 수가 없었다.

'그까짓 것…… 그까짓 것……' 하면서 먹고 싶은 생각을 가라앉히려고 애써 보지만 그럴수록 먹고 싶은 마음이 더욱 간절해지기만 하였다.

한참 동안 뒤척거리다가 하는 수 없이 일어나 제삿집에 살며시 들어갔다.

역시 내 또래의 아이들 예닐곱 명도 어른들 사이에서 불을 쬐며 제사 드리는 시간을 기다리고 있었다.

새벽 제사가 끝나자 잘게 썬 떡을 바구니에 담아 들고나와 마당이나 방에 있는 사람들에게 나누어 주면서 아이들에게도 하나씩 주었다.

단단히 굳어버려 찰기를 별로 느낄 수 없는 떡이지만 어떻게 맛있게 먹었던지 지금도 노란 인절미를 볼 때면 그때의 추억이 떠오르곤 한다.

한 조각 더 주었으면 하는 마음도 굴뚝같았었는데…….

구워 먹던 도시락

지금은 도시락이 다양한 음식들로 맛깔스럽게 마련되어 푸짐하면서도 싱싱한 느낌을 주고 있다. 어떤 행사에서 점심을 도시락으로 준비했다고 하면 상당한 기대를 품고 먹는 시간을 기다리게 된다.

그러나 내가 어렸던 시절인 1950년대는 물론 성년이 되었던 6, 70년대까지도 도시락은 얇은 알루미늄으로 네모나게 만들어진 용기에 밥을 넓게 펴 담고 한쪽에 칸막이로 마련된 반찬 그릇에 많으면 두 가지 그렇지 않으면 한 가지 반찬으로 되어 있어 '도시락을 먹었다.'고 하면 식사를 부실하게 하였다는 것으로 받아들여지리만큼 내용이 빈약하였다.

김밥이니 초밥이니 무슨 특색 있는 도시락은 이름조차 없던 시절이었다.

사실 1950년대는 6·25 전쟁 중이거나 끝난 직후여서 거의 모든 사람이 의식주가 완전히 해결되지 못한 상태에서 살아가기 때문에 식생활도 밥, 국, 김치가 전부라고 할 수 있을 정도로 단조로운 식단이었으며 대부분이 가을부터 이듬해 봄까지는 흰 쌀밥을, 여름에는 꽁보리밥을 먹고 살았다.

아이들의 도시락도 가정에서의 밥과 같았으며 쌀밥에는 배추김치나 멸치볶음 정도, 보리밥에는 짜디짠 무장아찌나 마른반찬 한 가지, 어려운 가정에서는 깨소금만으로 하는 경우도 있었다.

그것마저도 가져오지 못한 아이들은 점심시간에 집으로 달려가 먹고 온다든지 고구마나 다른 대용식을 가져와 밖에 나가서 가만히 먹고 들어온 아이가 있는가 하면 아예 점심을 거르며 물로 배를 채우고 오는 아이들도 있었다.

잘 사는 가정의 아이들이 밥 위에 달걀부침이라도 하나 얹어 오면 다른 아이들의 부러움을 샀으며 어쩌다 가정에 제사나 생일, 특별한 행사가 있어 생선이라도 한 도막 넣어오면 참으로 먹음직스러운 도시락으로 여겨졌다.

아이들의 도시락을 싸 오는 모습도 다양하였으며 일화도 많았다. 도시락 용기가 없어 어른들이 쓰는 큰 사기 밥사발 한쪽에 밥을 담고 비어 있는 공간에 깍쟁이를 반찬 그릇 삼아 싱겁게 무친 가지나물 한 가지를 쌌기에 밥과 반찬을 조절하며 먹느라 애쓰던 기남이, 참게 볶은 것을 몇 마리 싸 왔는데 옆에 있던 친구들이 하나씩 들고 먹어버린 바람에 반찬이 바닥나버려 맨밥을 먹다시피 하던 기백이, 배추김치를 싸 왔는데 국물이 흘러나와 공책이 빨갛게 젖어버려 책보로 닦아내며 울상 짓던 덕렬이 들의 모습이 떠오른다.

젓가락을 가져오지 않아 남들이 다 먹을 때까지 기다렸다가 다른 아이에게 빌려서 먹으며 공부 시간이 가까워지자 어쩔 줄을 모르던 규식이에게 시간이 있으니 천천히 마저 먹으라고 웃으며 말씀하시던 선생님의 모습…… 비록 빈약한 도시락이지만 정답고 따뜻함을 느끼게 하는 모습들이다.

요즈음에는 보온 도시락이 있어 겨울에도 따뜻한 점심을 먹을 수 있으나 그때에는 보온이 되지 않아 11시 무렵인 3교시가 되면 아이들의 도시락을 난로 위에 두세 줄로 쌓아 4교시까지 데웠다가 먹게 되는데 아이들은 이를 '도시락을 구워 먹는다.'라고 하였다.

도시락이 반찬 그릇과 분리되어 있지 않아 데우면 반찬까지 데워져 버려 김치를 제외한 다른 반찬은 맛이 변해버리기 때문에 겨울철 난로에 데워 먹을 동안은 반찬으로 배추김치가 제격이었다.

난롯불 위에서 데워 먹는 도시락은 밥은 거의 누룽지가 되고 김치는 볶은 김치가 되는 등 본래의 모습과 완전히 달라져 버리지만, 오히려 그 독특한 맛에 아이들 모두가 기쁨과 즐거움으로 맛있게 먹었다.

도시락을 데우기 시작하면 시간이 지남에 따라 교실이 온통 김치찌개 냄새로 가득 차게 되는데 바깥 날씨가 추워 문을 열지도 못하니 그 냄새를 고스란히 맡을 수밖에 없었다.

그런데도 아이들이나 선생님은 그 냄새를 별로 싫어하지 않았다. 아마 김치찌개 냄새 자체가 집에서 자주 맡아온 터에 그 시간이 점심 식사 직전이기에 식욕을 돋워주기 때문이었던 것 같다.

비록 밥 한 그릇에 달랑 반찬 한 가지인 도시락이지만 반 아이들과 둘러앉아 맛있게 먹었던 도시락, 여름에는 꽁보리밥도 싫다고 하지 아니하고 감사하는 마음으로 먹었던 도시락, 요즈음 아이들에게 먹으라고 하면 고개를 돌려버릴 빈약하기 그지없는 도시락이었다.

그러나 없는 형편에 온 정성을 다하여 싸 주시고 행여라도 잊어버리고 그냥 온 날이면 십리 길 학교까지 달려와 전해 주고 가시던 어머니의 사랑이 듬뿍 담긴 도시락이었다.

도시락 이야기가 나온다든지 실제로 도시락을 먹을 때면 밥이나 반찬에 상관없이 도시락을 싸서 다니는 것만으로도 감사하게 여기며 여럿이 둘러앉아 맛있게 먹었던 그 시절의 도시락이 눈앞을 스쳐가며 하굣길에 책보자기를 허리춤에 둘러매고 달려가노라면 빈 도시락 안에서 반찬 그릇과 젓가락이 발맞추어 덜거덕거리던 소리가 귓가에 들려오는 듯싶다.

돼지 잡던 날

추석 안 날 아침 누루메 댁에서 돼지를 잡는다는 연락이 와서 급히 달려갔다. 만일 늦게 가게 되면 고기가 바닥나 살 수 없을 줄도 모르기 때문이었다.

잰걸음으로 가서 보니 많은 사람이 벌써 와서 순번을 정하여 기다리고 있었다. 나도 도착하자마자 두 근을 사겠다고 이야기 해두었다.

빨리 간다고 갔지만 열여섯 번째가 되어 기다리고 있는데 도림댁네 집에서 길러 온 큰 돼지를 몰고 와서 건장한 아저씨 너덧 사람이 나서더니 우선 돼지의 발목을 잡고 소리를 지르지 못하도록 주둥이를 가는 새끼줄로 서너 번 꽁꽁 동여매었다.

그리고 앞다리, 뒷다리를 각각 묶고 굵은 새끼줄로 이은 뒤 묵직한 추를 가진 대저울로 갈고리를 걸어 무게를 몇 번 달아보고 마지막 근중을 공책에 적은 후 커다란 칼로 멱을 따서 죽여 뜨거운 물을 연신 부어가며 새까만 털을 벗겨내기 시작하였다.

돼지는 발목을 잡힌 순간부터 주둥이가 묶인 채 끙끙거리며 죽지 않으려고 안간힘을 써보지만, 멱이 따지자 선혈을 튀기면서 죽어갔다.

나는 한 아저씨가 돼지의 목에 칼을 대려는 순간 차마 볼 수 없어 고개를 돌렸다.

살아있는 생명체의 목을 찔러 죽이는 모습에서 인간이 지닌 잔인한 모습을 엿볼 수 있는 것 같았다.

비록 인간에게 쓰이기 위하여 길러진 짐승이지만 조금 더 편안한 방법으로 죽을 수 있게 하였으면 좋겠는데…….

까만 털이 다 벗겨지고 불그스름한 살이 드러나자 크고 예리한 칼로 배를 위에서 아래로 길게 쪼개어 내장을 꺼낸 후 머리와 발목을 자른 뒤 목에서부터 꼬리 근처까지 양쪽으로 똑같이 쪼갠 후 앞다리, 뒷다리, 배, 가슴, 목, 머리 부분으로 일단 나눈 뒤 뼈가 있는 그대로 떼어 팔기 시작하였다.

우선 일찍 온 사람 중에서 많은 양을 사는 사람부터 떼어 팔기 시작하는데 먼저 앞다리 하나를 사는 사람과 목 부분을 전부 사는 사람에게 팔고 나서 두서 근 또는 한 근씩 사는 사람은 도착한 순서대로 떼어 팔았다.

그런데 살코기만을 발라서 파는 것이 아니고 뼈가 들어 있는 채로 떼어 팔기 때문에 살이 많이 붙어 있는 부위와 뼈가 많은 부분을 사는 사람에게는 살코기의 양에 많은 차이가 있게 되었다.

이러한 차이를 줄이기 위하여 노력은 하지만 아무래도 뼈가 많다 보니 살코기의 양에는 차이가 있을 수밖에 없으며 심한 경우 눈에 띄리만큼 차이가 나기도 하였다.

고기를 파는 아저씨로부터 '누가 좋은 부분을 가져가며, 서운한 부분을 가져가느냐 하는 것은 복불복이니 그렇게 알고 받아갔으면 좋겠다.'라고 하는 이야기를 들었으나 자기 마음에 맞는 부위를 받은 사람은 밝은 표정으로 받고, 뼈가 많은 부분을 받는 사람은 불만스러운 표정을 짓게 마련이었다.

나는 내 차례를 기다리면서 고기 떼어주는 모습을 눈여겨 살펴보았다. 무엇보다도 고기를 떼어서 파는 아저씨의 손놀림이 빠르기도 하려니와 근중에 맞게 떼어내는 솜씨가 돋보였으며 공평하게 팔려는 모습도 보기에 좋았다.

우선 고기를 파는 아저씨는 사는 사람을 쳐다보지 않으며 주문을 받은 사람이 사는 사람을 밝히지 않고 그냥 "다음은 몇 근이요." 하면 여러 부위를 돌려가면서 뼈 부분은 망치로 칼을 두드려 쪼개면서 차근차근 떼어주고 있었다.

뼈가 많다고 생각되는 경우에는 저울대를 약간 더 올라가도록 달아주어 뼈가 많음으로 인한 살코기의 부족량을 보전해 주려고 애썼다.

사는 사람들은 필요한 양을 신청한 후에는 고기를 받아갈 때까지 파는 사람에게 일체의 말을 걸지 않았다. 이는 말을 건넴으로 파는 사람에게 영향을 미쳐 혹시라도 불공평한 일이 일어나지 않도록 하기 위한 서로의 약속인 것 같았다. 그저 차례를 기다리며 파는 사람의 손이 어느 부분으로 가는가를 눈여겨 볼뿐,

어떤 사람은 다른 곳에 있다가 고기를 가져가라고 부를 때에야 나타나는 사람도 있었다.

고기가 떼어지면 그제야 주문받은 사람이 '아무개 몇 근 받아 가시오.' 하면 대부분 고맙다는 인사를 하고 받아갔다.

모두에게 만족을 줄 수는 없는 일이겠지만 다소 마음에 들지 않더라도 드러나게 불평을 하지 않았다. 돼지 한 마리를 잡아서 50가구가 넘는 마을 전체가 나누어 사가는 과정에서 살만 발라서 파는 것도 아니고 뼈의 크기가 다르기 때문에 어쩔 수 없이 차이가 날 수밖에 없기에 주는 대로 받아가는 것을 미덕으로 여겼던 것이다.

오늘날에는 뼈를 빼내고 살코기만을 팔고 있으며 고기 또한 부위별로 구별되어 있다.

삼겹살이나 목살 등의 부위는 다른 부위보다 월등하게 비싸고 같은 다리 부분이지만 앞다리가 뒷다리보다 몇 배나 비싸며 갈비도 비싼 가격으로 팔리고 있으나 그 당시에는 부위별로 구별함이 없이 그저 비계보다는 살이 많은 것을 좋아하였을 정도였다.

고기의 요리도 극히 일부의 가정을 제외하고는 구워 먹거나 볶아먹는 경우가 별로 없었으며 모처럼 그것도 한 해에 몇 번밖에 먹지 못하는 한두 근의 귀한 고기를 많은 식구가 먹어야 하기에 국물을 동이 째 부어 여러 끼니 먹다 보니 여러 번 데운 까닭에 짭짤해진 국물에 비계 붙은 고기 몇 점을 띄워 둘둘 마시곤 하였다.

고기를 구워 먹거나 특별한 요리를 해 먹을 수 없는 처지에서 삼겹살, 갈빗살 등의 구이에 적합한 부위가 무슨 의미가 있겠는가? 당시에는 오늘날 돼지고기의 노른자라고 할 수 있는 삼겹살이 이름조차도 없던 시절이었다.

돼지 잡는 날이면 술을 좋아하는 사람들은 막걸리나 소주를 됫병으로 준비하여 간이나 염통, 지라 등 아직 돼지의 체온이 채 식지 않아 김이 모락모락 나는 것을 굵은 소금에 찍어 맛있게 먹는 모습이 매우 정겹게 보였다.

아이들은 오줌보(방광)를 얻어 입으로 바람을 불어 넣어 둥글게 부풀면 실로 묶어 그것을 축구공 삼아 마을의 공터에서 발로 차며 신나게 노는 모습도 볼 수도 있었다.

그런가 하면 고기 한 다리를 사간 인심 좋은 부잣집에서는 명절에 쓸 만큼 살코기를 미리 떼어 놓고 나머지는 뼈까지 몽땅 가마솥에 넣고 물을 넉넉히 붓고 삶아 막걸리를 마련하여 이웃들을 불러 흥겨운 시간을 갖기도 하였다.

돼지를 잡은 이 씨 아저씨는 돼지 발목은 젖 먹이는 아기 엄마들에게 좋다고 거저 주다시피 싼값에 팔았으며 내복(내장)과 머리 고기 일부를 큰 솥단지에 넣고 삶아 시정에서 쉬고 있는 어른들에게 한 그릇씩 먼저 대접하고 마당에 있는 사람들에게도 커다란 양푼에 담아 군데군데 놓아 술과 함께 먹도록 하면 사람들은 오랜만에 목구멍 때를 벗긴다고 하면서 맛있게들 먹었다.

돌이켜보면 고기가 귀하여 평상시에는 거의 먹지 못하고 지내는 처지에서 명절에 만이라도 귀한 돼지고기를 마련하여 차례를 지내고 가족과 친척 이웃들이 한데 어울려 서로 음식을 나누어 먹으며 즐겁게 지냈던 명절, 그 얼마나 아름답고 정다운 모습이었던가?

오늘날 모든 것이 풍요로운 가운데 돼지고기는 쇠고기나 다른 육류 또는 해물 등 고급스러운 식품에 치여 삼겹살이나 특정 부위를 제외하고는 그다지 매력 있는 식품으로 대접을 받지 못하고 있다.

그러나 그 가난했던 시절 돼지 잡던 날을 생각하면 오늘날 같으면 쳐다보지도 않을 고기이지만 뜨뜻한 선짓국에 막걸릿잔을 기울이며 해맑은 웃음을 나누던 모습들, 비록 뼈다귀가 허옇게 드러나 보이는 고기지만 두어 근 가는 새끼줄로 묶어 들고 집으로 돌아가던 아버지의 밝고 당당한 모습은 언제 되돌아보아도 정겹고 따뜻한 모습이다.

자장면 냄새

큰딸애가 중학교를 졸업하던 날 그의 친구 두 명과 초등학교에 다니는 우리 집 두 아이를 데리고 중화요리 식당에서 점심을 사준 적이 있다.

자장면을 먹고 싶다는 아이들이 있었으나 좀 더 값이 비싼 음식을 사 먹이는 것이 좋을 것 같아 우리의 생각대로 음식을 주문하여 먹도록 하였다.

우리 부부는 아이들이 잘 먹기에 자못 흐뭇한 마음으로 그들의 먹는 모습을 바라보면서 좋은 음식으로 사 먹이기를 잘했다고 생각하면서 다 먹고 나자 "맛있게들 먹었니?"하고 묻자 초등학교에 다니는 아들 녀석이 '에이, 나는 자장면이 먹고 싶었는데……' 하자 몇몇 아이들이 '저도요.' 하는 것이었다.

그러한 반응을 듣고 나니 마음 한편으로 '값에 상관없이 아이들이 좋아하는 자장면을 사 먹일 텐데, 잘못하였나?' 하는 생각이 들었다.

어른들에게는 자장면이 그다지 귀한 음식으로 여겨지지 않아 점심이나 저녁을 가볍게 해결한다는 생각에서 먹는 경우가 많으나 아이들이나 젊은이들에게는 가장 좋아하는 메뉴로 자리 잡은 것을 미처 생각하지 못했던 것이다.

내가 고등학교에 다니던 1950년대 말에도 자장면은 우동과 더불어 학생들이 가장 즐겨 먹던 음식이었다. 값이 싸고 간단히, 그리고 맛있게 먹을 수 있었기 때문에 학생들은 물론 많은 사람에게 사랑받던 대표적인 음식이었다.

미술 시간에 학교 동산에서 그림을 그리다가 점심시간 무렵 교실로 돌아오는 길목에 있는 구내식당 앞을 지날 때면 물씬하게 풍겨오는 자장면 냄새가 어찌 그리 고소하고 맛있게 느껴졌던지 동산에 갈 일이 있으면 일부러 그 집 앞을 지나곤 하였다.

지금 생각해보면 그 집 자장면은 유난히 국물이 많아 면발을 먹고 나면 국물을 다 마시지 않았던 기억이 남아 있다.

한창 먹을 나이에 국물을 남겼다는 것은 어딘가 다 마실 수 없는 점이 있었지 않나 생각될 때 다른 집의 자장면보다 결코 질이 좋다거나 맛이 있다고 말할 수 없을 것 같다.

그러나 '자장면' 하면 그 구내식당의 자장면이 먼저 떠오르는 것은 아마도 가난했던 시절 먹고 싶어도 돈이 없어 자유로이 사 먹지 못했던 아쉬운 정이 서려 있기 때문인 것 같다.

어느 날 몇몇 동급생들과 하굣길에 계림동 오거리에 있는 중화요리 집 앞을 지나고 있는데 우리 사이에서 대식가로 알려진 C 군이 그 집 앞으로 다가가더니 한참 동안 서 있다가 우리가 빨리 오라고 부르자 뛰어와서 "야, 자장면 냄새가 어떻게 고소한지 냄새라도 더 맡고 오느라고 이제 왔다."라고 농담 삼아 이야기하였다.

평소에 자장면을 먹을 때 한 그릇으로는 양이 차지 않아 적어도 곱빼기는 먹어야 어느 정도 먹은 것 같이 느끼고 있는 처지에서 그 식욕을 불러일으키는 냄새 앞에 차마 발길이 떨어지지 않았던 것 같다.

C 군을 비롯하여 구내식당에서 친구들끼리 빨리 먹기 시합에서 한 그릇을 20초 안에 국물 한 방울 남기지 않고 단숨에 먹어치웠던 학교 축구 대표선수 K 군, 곱빼기만을 먹어야 식성이 풀린다던 Y 군, 음식은 맛을 느끼면서 먹어야 한다고 하면서 항상 늦게까지 남아 먹던 P 군, 늘 먹고 싶어도 사 먹지 못하고 있던 차에 교생 실습 반 담임선생님께서 주신 구내식당 10장의 식권으로 열흘 동안이나 자장면을 사 먹으면서 느꼈던 행복감, 연로하신 C 교육장께서 뒤늦은 점심시간에 우리 사무실로 내려와 많이 퍼져버린 자장면이지만 물을 마셔가면서 끝까지 잡수시던 모습들, 자장면을 대할 때면 떠오르는 인상적인 모습들이다.

나는 우리가 어려웠던 시절에 대중 음식으로 한 끼니를 책임져 주었던 자장면이 그리워 외지에서 혼자 점심을 먹게 될 때는 무엇을 먹을까 망설이지 않고 자장면을 먹을 때가 많다. 먹을 때마다 학창시절에 발길을 멈추고 콧구멍을 날름거렸던 구내식당의 그 고소한 냄새가 코끝을 스쳐가는 추억에 젖어보곤 한다.

겨울철에 웬 수박이……

자유당 정권의 말기인 1959년 12월 어느 날 모 일간 신문의 가십난에 당시 여당의 실력자이던 사람의 집 창고에서 수박이 나왔다고 보도됨으로 때아닌 수박의 출현에 이를 호화생활의 단면이라고 곱지 않은 시선으로 보는 사람들이 많았다.

요즘 같아서는 신문의 기삿거리로는 물론 대화의 소재로도 등장하지 못할 이야기이지만 당시에는 특이한 뉴스거리가 되었던 것이다.

수박은 여름철 과일인데 겨울철에 수박을 먹는다는 것은 당시로써는 상상도 할 수 없는 일이었기에 이처럼 관심의 대상이 되었던 것 같다.

지금은 시장이나 백화점에 갖가지 과일이 풍성하게 진열되어 계절에 상관없이 먹을 수 있어 특별한 과일이 아니면 별로 눈길을 끌지도 못하나 그 당시만 해도 과일의 종류가 몇 가지 되지 않았으며 생산량도 매우 적었다.

시장에서 거래되는 과일도 사과, 배, 복숭아, 밤, 감 등의 과일들이 상자(박스)로 거래되는 것이 아니라 낱개로 또는 봉지로 파는 경우가 많았다. 특별히 배나 사과는 대껍질로 엮어 만든 9개들이 용기에 담아 파는 것이 일반적인 현상이었으며 이를 선물용으로 사용하기도 하였다.

토마토와 귤, 포도는 생산량이 매우 적어 대중적인 과일로 자리를 잡지 못했으며 딸기도 시장에서 거래될 정도의 과일이 아니었기 때문에 사 먹기가 어려웠으며 늦은 봄에 딸기밭에 직접 가서 사 먹는 정도에 그쳤다. 파인애플이나 다른 열대 과일들은 이름조차 생소한 과일들이었다.

수박도 대량생산의 체제가 아니었기 때문에 두, 세 마을 거름으로 밭에 원두막을 지어놓고 여름 한 철 현장에서 사서 먹거나 사서 가지고 와 먹었다. 현금이 아니더라도 보리나 밀 등 곡식을 받고 팔기도 하였으며 가을에 쌀로 갚기로 하고 외상으로 팔기도 하였다.

상품 가치가 있는 것들을 다 팔고 나면 밭에 남아 있는 것들은 파물이라고 하여, 아무나 거저 따 먹을 수 있도록 하였다. 동네 아이들은 파물 때를 기다렸다가 주인이 파물을 선언 했다는 이야기를 듣자마자 앞다투어 밭에 들어가 조금이라도 먹을 만한 것을 따서 주먹으로 깨어 먹던 맛! 비록 작고 설익은 것들이지만 돈 주고 사 먹었던 것보다 더 맛있게들 먹었다.

당시에는 여름철에 제사를 지낼 때도 제물로 수박 한 통을 사서 오면 크게 환영을 받을 정도로 귀한 과일로 여겨졌다.

내가 어렸을 때 큰집 누님이 큰아버지 제사 때 젯메쌀 한 됫박과 함께 수박 한 통을 자기 마을의 원두막에서 사서 20리 길을 들고 왔을 때 온 가족이 기뻐하며 받아들였다.

이를 네 쪽으로 쪼개 제사상에 놓아두었다가 새벽에 제사를 마치고 표면이 물기가 빠져 허옇게 변해 버린 수박이지만 가족들이 맛있게 나누어 먹었던 적이 있다.

생각해보면 당도가 별로 높지 않고 씨도 많아서 먹기에 불편하려니와 밤새도록 쪼개놓아 단물이 빠져버린 수박이기에 요즈음 같으면 먹을 생각조차 하지 않을 일이지만 그렇게 맛있게 먹었던 것은 과일이 귀한 처지에서 그런 수박이라도 먹을 수 있는, 기회가 되었기 때문이었다.

이처럼 제철에도 넉넉하게 먹을 수 없었던 수박이 오늘날에는 여름철에는 물론 계절에 상관없이 어느 때나 별다른 부담 없이 먹을 수 있게 되었으니 감사한 일이 아닐 수 없으며 또한 품종도 다양해져 씨 없는 수박은 기본이고 당도가 높고 맛이 좋은 수박을 마음껏 먹을 수 있으니 이 또한 얼마나 감사한 일인가?

그러나 오늘날 수박이 경쟁적으로 대량 생산되고 때로는 과잉 생산으로 재배 농가들이 어려움을 겪기도 하는 현실에서, 그리고 맛좋고 이름도 모를 과일들이 즐비하게 진열되어 소비자의 눈길을 끌고 있는 시장의 모습에서 수박과 같은 재래 과일들이 행여 하찮은 과일로 여겨지지 않을까 하는 안타까운 마음이 들 때가 많다.

소병을 앓던 사람들

내가 어렸을 때인 1950년대에 우리 마을에서 '000네가 소병이 나서 누워있다더라.' 하는 말을 자주 들었다. 이 소병이란 용어가 그때 우리 고장에서 통용되는 말이었지만 막상 사전을 찾아보니 사전에는 나와 있지 않았다.

아마 오랫동안 고기나 생선을 먹지 못하여 속이 극도로 허하여 기운을 차리지 못하는 상태, 심한 '단백질 결핍증'을 의미하는 말일 것 같다.

흔히 고기나 생선을 만족하게 먹고 나면 '모처럼 소복하였다.' 라고 말하였던 것으로 미루어 소병은 고기나 생선을 충분히 먹으면 회복되는 증세였다.

지금은 쇠고기, 돼지고기를 비롯한 육류와 생선이 풍족하여 언제 어디서나 마음대로 먹을 수 있고 일부 사람들은 살이 찐다고 오히려 이러한 음식들을 피하는 경향도 있지만 60여 년 전만 하여도 쇠고기는 거의 먹을 수 없었고 돼지고기도 부잣집을 제외하고는 많이 먹으면 일 년에 대여섯 번, 가난한 집에서는 설날과 추석날에나 맛볼 수 있었다.

고기를 파는 가게도 시골에서는 찾아볼 수가 없었고 도시에서도 큰 도시 외에는 5일 만에 한 번 서는 장날에 고기를 내다 팔 정도였다. 시골에서는 매년 설과 추석에 정례적으로 돼지를 잡아 뼈를 빼지 않은 채 몇 근씩 사다가 먹는 데 그쳤다.

생선도 고기보다는 약간 더 많이 먹을 수 있었으나 형편들이 어려워 마음대로 사서 먹고살 수가 없었다.

장날이면 농산물이나 나무를 지게에 짊어지고 시장에 나가 팔고 돌아오는 길에 비싼 생선은 사지 못하고 값이 싼 간 고등어 한두 손을 새끼로 묶어 땅고작에 달랑달랑 매고 돌아오는 모습을 흔히 볼 수 있으리만큼 생선도 풍족하게 먹지 못하고 살았다.

그래도 조금 손쉽게 먹을 수 있는 것이 닭고기였다.

귀한 손님이 왔을 때나 가정의 행사 등에 쓰기 위하여 집집이 몇 마리씩 많게는 2, 30여 마리까지 기르면서 필요할 때마다 한두 마리씩 잡아 쓰곤 하였다.

제법 큰 닭을 한 마리 잡는다고 해도 식구가 많은 집에서는 한 끼밖에 먹을 수 없는 정도에 그쳐 이것도 단백질의 필요량을 채우기에는 별로 보탬이 되지 못하였다.

닭고기도 넉넉지 못하다 보니 사람들이 닭고기를 먹을 때 대다수가 이로 뼈를 깨고 뼛속에 들어 있는 골까지 먹었다.

그리고 설 명절이 되면 쇠고기는 귀하고 비싸서 넣지 못하고 대부분 가정에서 닭고기를 넣어 떡국을 쑤어 먹는데 부족한 살코기를 보충하기 위하여 뼈를 모두 도마 위에 올려놓고 칼로 으깨어 밀가루에 버무려 간장에 절여 두었다가 떡국을 쑬 때 고기 대용으로 쓰기도 하였는데 그 맛이 짭짤하면서도 독특한 느낌을 주었다.

농사철이 지나 늦가을이 되면 둠벙을 가진 집에서는 그것을 품어 고기를 잡아 이웃 사람들과 나누어 먹는다든지 벼가 익기 시작하면 도랑을 막고 품어 고기를 잡아 추어탕 같은 음식으로 영양을 보충하기도 하였지만, 이는 매우 드문 일이고 일시적인 일이기에 이 또한 단백질 섭취에 큰 도움을 주지는 못했다.

식생활이 이렇다 보니 단백질이 부족하여 어린아이들이 잘 자라지 못하고 어른들은 충분한 영양을 섭취하지 못한 가운데 힘든 농사일을 하게 되므로 힘에 부쳐 쉽게 지칠 수밖에 없었으며 심할 때는 속이 허하여 소병을 앓기도 하였다.

당시에는 대부분 사람이 잘 먹지 못하고 고된 일을 하기 때문에 늙으면서 얼굴이나 체격이 작아지고 깡말라 볼품이 없는 사람들이 많았으며 평균 수명이 60세에도 미치지 못하였다.

그러기에 육덕이 좋고 배가 약간 나온듯한 사람이 팔자 좋은 사람으로 여겨지고 체격이 당당하고 얼굴에 윤기가 흐르는 듯한 사람들은 남의 부러움을 샀으며 처녀들도 얼굴이 둥글고 도톰하면 부잣집 맏며느릿감이라고 일컬어 졌다.

워낙 먹을거리가 부실하다 보니 음식이 조금만 따뜻하고 맛있게 보이면 '참, 살로 가겠다.' 별로 먹어보지 않았던 음식을 앞에 두고도 '무엇이 살이 될 줄 모르니 그냥 먹어두자.'라고 말하면서 무엇이든지 먹고 살만 찔 수 있으면 좋은 음식으로 생각하고 감사함으로 먹었다. 고기나 생선을 먹을 때면 유난히 게걸스럽게 먹는 모습도 볼 수 있었다.

요즈음에는 날씬한 몸매를 만든다고 먹고 싶은 음식을 제대로 먹지 않고 다이어트에 힘쓰고 있는 사람들이 많은가 하면 비만을 예방하고 치료하고자 비지땀을 흘리면서 운동을 하는 모습들을 볼 때면 소병 잘 나기로 이름난 '삼거리 댁'네나 '내동 댁'네의 늘 힘이 없던 모습, 젊은 나이에도 소병이 심하여 기운을 차리지 못하고 비실거리다가도 고깃국을 한 그릇 먹고 나면 팔팔 뛰던 '권구'의 모습들이 대조적인 모습으로 나타난다.

하찮은 돼지고기 몇 점을 먹을 형편이 못되어 소병을 자주 앓으면서 60도 채 살지도 못하고 세상을 떠난 애잔한 사람들과 아내와 사별하고 혼자 살면서 "맨날 시래깃국만 먹으니 힘이 생기지 않는다."라며 돼지기름을 한 뭉치 사다 걸어놓고 조금씩 떼어 국에 넣고 끓여 방울져 떠있는 기름방울을 시래기와 함께 떠먹으면서 행복해하던 종철 아저씨 모습도 고깃국을 먹을 때면 언뜻 떠오르는 모습들이다.

김, 그리고 김밥

요즈음 젊은이들이나 학생들에게 가장 인기 있는 식사 메뉴 중의 하나가 김밥일 것이다. 김밥은 그 종류가 다양하여 재료에 따라, 모양에 따라 가지가지 이름이 붙여져 있으며 때와 장소를 가릴 것 없이 흔하게 대할 수 있는 식사 메뉴이다.

결혼식의 피로연을 비롯한 각종 뷔페에도 빠짐없이 챙기며 기차간에서도 간단한 식사를 위하여 팔리고 있으며 학교에서도 소풍날의 점심은 으레 김밥으로 준비하고 있으리만큼 김밥은 많은 사람의 사랑을 받고 있다.

십수 년 전만 해도 점심을 김밥으로 준비하려면 집에서 김과 안에 넣을 재료들을 준비하여 직접 말아야 하기에 밤늦게까지 또는 이른 새벽부터 부산하게 준비해야 하는 수고가 뒤따랐다.

그러나 요즈음에는 즉석에서 말아주는 김밥집이 많이 생겨 수고를 덜어주고 있으며 그 종류도 다양하여 취향대로 골라 먹을 수 있게 되었다.

이처럼 사람들이 값싸고 맛있는 김밥을 별다른 부담 없이 마음대로 먹을 수 있는 시대에 살고 있지만 50년대를 살았던 사람들에겐 김밥, 아니 김이 그렇게 흔한 식품이 아니었기에 잘 사는 가정이 아니고서는 1년에 한 번 그것도 서너 쪽 먹는 것이 전부인 경우가 많았다.

대부분은 정월 대보름날 오곡밥(형편에 따라 찰밥을 해 먹는 경우도 많았음)을 먹으면서 김을 잘라 몇 번 싸 먹으면 그해에 김을 먹는 것은 끝을 맺게 되었다.

그 당시에는 양식 기술이 발달하지 못하여 자생적으로 자라는 김만 채취하여 먹었기 때문에 생산량이 극히 적고 생산지도 완도를 비롯한 몇 군데에 불과하였을 뿐만 아니라 교통이 발달하지 못한 관계로 유통도 잘되지 않아 값이 무척 비싸고 시장에 가도 일찍 서둘러 가야 살 수 있을 정도로 귀한 식품이었다.

우리나라에서는 세시풍속에 따라 음력으로 일 년 중 첫 번째 맞이하는 보름을 대보름이라 하여 설 명절에 가족과 친척들, 이웃들이 모여 10여 일 동안 명절을 즐기다가 일터로 나가는 계기를 마련하고 기력도 보강하며 액운을 물리치고자 이날을 명절로 정하여 오곡밥과 여러 가지 나물, 두부 국물, 부럼을 마련하여 먹었는데 김도 포함시켰다.

대보름의 영양 음식으로 김을 포함시킨 것은 오곡밥과 김의 음식 궁합이 잘 맞는 점도 있으려니와 농촌이나 산골에서 생산되지 않아 귀하게 여기는 김을 준비하여 제사상에 올림으로 조상들에게 감사하는 마음을 나타내고 싶어 그렇게 하지 않았는가 하는 생각이 든다.

대보름날 아침이면 온 가족이 한 상에 둘러앉아 오곡밥을 먹으면서 한 해의 농사일을 비롯하여 가족들이 서로의 계획들을 이야기하며 한 해의 일을 힘차게 시작할 것을 다짐하게 되는데 설날과는 달리 객지에 나가 있는 자녀들은 굳이 참여하지 않아도 되었다.

왜냐하면, 대보름은 일터로 나가기 위한 가족 모임인데 이미 일터에 나가 있는 자녀를 일부러 불러들일 필요가 없었기 때문이다. '보름은 나가서 쉰다.'라고 들 하였다.

간단한 제사를 올린 후에 주된 음식인 오곡밥을 비롯하여 여러 가지 준비한 음식을 먹게 되는데 김이 귀한 식품이고 보니 아무래도 식구들의 시선이 김으로 쏠릴 수밖에 없었다.

할아버지나 아버지는 먼저 먹을 수 있으나 철이든 아이들은 어른들의 눈치를 살피지 않을 수 없어 한 장을 네 쪽이나 여섯 쪽으로 나눈 것, 서너 쪽 먹다 보면 바닥이 나버리기 일쑤였다.

그도 그럴 것이 김이 귀하다 보니 요즘처럼 100장씩을 한 톳으로 파는 것이 아니라 10장씩 묶어 팔고 있는데 마을에서 몇 집을 제외하고는 대부분이 10장짜리 한 톳이나 많으면 두셋 톳 정도를 사서 대보름에 쓰게 되는 경우가 많았다.

그나마 그중에서 서너 장은 김밥으로 말아 마당 가에 있는 짚벼눌 속 깊숙이 넣어두었다가 입이 궁금할 때 꺼내어 먹을 수 있도록 하기도 하였으니 식구들이 풍족하게 먹기에는 애초부터 태

부족할 수밖에 없었다. 참으로 귀한 식품이었다.

그토록 귀하기만 했던 김, 흰 쌀밥을 김에 싸서 먹고 있는 모습을 볼 때면 마치 우리와는 다른 세계에 사는 모습으로 비추어졌던 기억이 아직도 생생한데 이제는 대부분 가정에서 기본적인 반찬으로 챙기고 있으며 김밥 또한 값싸고 흔한 음식 중의 하나로 가장 손쉽게 먹을 수 있게 되었으니 우리의 식생활이 크게 향상되고 풍족해 졌음을 새삼 느껴보게 된다.

보릿고개를 넘어서

오늘날에는 5월이 가정의 달, 청소년의 달로 어린이날, 어버이날, 스승의 날, 성년의 날 등 가정과 관계가 깊은 날들이 있어 여러 가지 가정 중심의 행사들이 이루어지고 지역 축제나 대학의 메이퀸(May Queen) 같은 행사들도 많이 이루어지고 있으며 기후 또한 온화하여 사람 살기에 가장 좋아 계절의 여왕이라 일컬어지고 있다.

그러나 1960년대 초까지만 하여도 5월은 사람들이 먹고살기가 어려운 '춘궁기' 또는 '보릿고개'로 불린 가장 어려운 시기였다. 아이들에겐 배가 빨리 꺼질까 봐 활발히 뛰어놀기조차 주저했던 시기였다.

보릿고개는 음력으로 4, 5월쯤, 양력으로 5월의 대부분이 이에 속하게 된다.

이 시기는 가을에 수확했던 쌀이 거의 바닥이 나게 되고 보리는 아직 거두어들일 수 없어 먹고 살기가 너무나 어려웠기에 쌀과 보리의 식량 사이에 놓인 삶의 고비를 마치 길을 가다가 넘어야 할 험한 고개로 빗대어 붙여진 이름이다.

지금은 식량 사정이 좋아져서 쌀이 남아돌고 보리는 별로 먹지 않는 곡식이 되었지만, 옛날에는 가을부터 이듬해 봄까지는 쌀밥을 먹고 여름에는 보리밥이 주식이 되었으므로 대부분 가정에서 쌀밥과 보리밥을 먹는 시기가 뚜렷이 구별되어 있었다.

보리밥을 먹는 기간은 서너 달 정도로 비교적 짧은 기간이기 때문에 큰 고통 없이 쌀밥을 먹을 때까지 이어질 수 있으나 쌀밥은 보리밥을 먹게 될 때까지 여덟 달여 동안을 먹고 살아야 하는데 대부분은 몇 마지기에 불과한 벼농사를 짓고 살기 때문에 쌀의 수확량이 적고 식구가 많아, 보리가 생산될 때까지 먹을 수 있는 식량의 절대량이 부족한 처지에 놓여 있었다.

그러기에 쌀이 부족한 가정에서는 보리가 생산될 때까지 굶지 않고 먹고 살 수 있도록 식량을 조절하는데, 힘썼다.

우선 식량을 절약하기 위하여 밥을 지을 때 물기가 많은 진밥으로 지어 밥의 양이 많게 하였으며 무를 채로 썰어 넣어서 무밥을 해 먹는다든지 고구마 같은 것들을 넣어서 밥을 지어 먹었다. 밥 대신 죽을 쑤어 먹는 경우도 많았다. 밥이 부족한 경우에는 물을 많이 붓고 끓여 죽처럼 만들어 식구들이 한 그릇씩 나누어 먹기도 하였다.

그런가 하면 겨울철은 농사일이 별로 없는 농한기인 데다 낮이 짧아 일부 가정에서는 하루에 세 끼를 먹는 대신에 아침을 10시경에나 느지막하게 먹고 점심은 건너뛰고 저녁은 오후 5시에나 일찌감치 먹고 잠자리에 드는 경우도 많았다.

어떤 가정에서는 겨울철이면 점심을 고구마를 삶아 대용식으로 먹는가 하면 무에 민물고기나 멸치 등을 넣어 무 볶음을 만들어 먹는 것으로 점심을 때우기도 하였다.

이렇게 식량을 절약하며 사는 가운데에서도 설을 쇠고 나면 식량이 바닥나버려 색갈이를 낸다든지 고지를 먹는다든지 하는 방법으로 식량을 마련하여 끼니를 이어오다가 보릿고개를 만나면 쌀은 한 주먹이나 넣고 쑥이나 김치, 비지, 파래 등 무엇이든지 먹을 수 있는 것들을 넣어 죽을 쑤어 먹기도 하였으며 그런 형편도 되지 못한 경우에는 초근목피로 연명한다든지 물로 주린 배를 채운다는 등의 기아선상의 삶을 현실로 겪어 내는 사람들도 있었다.

오죽 먹을 것이 없어 먹으면 변비가 어떻게 심하든지 '똥구멍이 찢어지게 가난하다.'라는 말의 발단이 되었던 송기까지 먹었던 것을 생각하면 얼마나 어려운 삶을 살았던가를 짐작하게 한다.

심지어 밥을 여러 날 먹지 못하여 누렇게 부황기가 든 사람들이 생기는가 하면 석양볕에 멍하니 앉아있는 늙은이들의 탈진한 모습, 갈비뼈가 앙상하게 드러난 어린애의 모습들…… 보릿고개는 참으로 가난으로 찌든 험한 삶의 표징이었다.

그래도 이런 가난한 사람들이 굶어 죽지 않고 살아간 것은 같은 고통을 겪으며 살아가고 있는 이웃들의 사랑과 격려, 조금이라도 여유 있는 가정에서 식은 밥 한 그릇이라도 서로 나누어 먹는 아름다운 베풂이 있었기에 가능했던 것 같다.

당시에는 사람들의 먹을거리가 별로 없어 달랑 하루 세끼 밥을 먹는 것 외에는 별다른 간식을 먹을 수 없고 땀 흘려 농사일을 해야 할 처지에 있었기에 밥을 많이 먹는 편이었다.

대개 성인들은 요즈음의 공기로 서너 개, 아이들도 한두 개 정도를 축 없이 먹으므로 식구가 많은 가정에서는 식량이 부쩍부쩍 들어가게 되어 식량을 마련하는 일이 무엇보다도 중요하고 어려운 일이었다.

식량문제 때문에 어떤 가정에서는 식구를 줄이기 위하여 딸들을 서둘러 시집보내기도 하였다.

이처럼 밥을 먹고 사는 것이 너무나 어려운 일이었기에 '진지 잡수셨습니까?' '밥 어쨌어?' 가 사람들 사이에 인사말로 통용되리만큼 밥 먹는 것이 모든 사람의 관심사였으며 특별한 경우를 제외하고는 식사 시간 무렵에는 다른 사람의 집을 찾아 나서지 않는 것이 하나의 예의처럼 여겨졌다.

나라가 일제의 압제에서 벗어나 기틀을 닦기도 전에 발발한 6·25 전쟁으로 인하여 형편이 너무 어렵고 대부분의 공장 가동이 중지된 상태에 있고 건축이나 토목 공사들이 별로 없어 농촌에서는 농사철이 아니면 일자리가 거의 없고 겨울철이 되면 농한기가 되고 보니 가정들에 농사를 지어 얻는 소득 외에는 다른 소득이 거의 없어 웬만큼 잘 사는 가정이 아니고는 보릿고개를 피하기가 어려웠다.

보릿고개가 이 무렵에만 있었던 것이 아니고 18세기 중엽 조선 시대 영조의 계비인 정순왕후가 왕비 간택의 과정에서 '세상에서 가장 넘기 어려운 고개가 보릿고개라.'라고 대답하였다는 일화가 있는 것처럼 오랫동안 이어져 온 삶의 모습이긴 하지만 특별히 일제 강점기와 6·25 전쟁 무렵에 한층 심했던 것 같다.

특별히 어려운 가정에서는 워낙 먹을 것이 없어서 풋보리를 두어 다발 베어다가 이삭을 잘라 가마니때기에 널어 말리고 있는 초라한 모습들을 흔히 볼 수 있었다.

보리가 완전히 익지 않아 약간은 누른빛을 띠고 있으나 아직 청보리를 벗어나지 못한, 너무나 물러 방아조차 찧을 수 없어 손으로 비벼 낸 것으로 밥을 지은 통보리밥을 먹었기에 허기는 달랬지만 소화가 잘되지 않아 배를 문지르고 끅끅거리며 트림을 자꾸 하는 모습들을 볼 수 있었으며 어린애들은 먹은 것을 소화를 시키지 못하고 그대로 배설하기도 하였다.

그런 가운데에서도 종자로 쓸 볍씨를 소중히 간직하며 여름철에 있을 가정의 행사에 쓸 몫으로 쌀을 조금씩 누런 봉지에 담아 천정이나 벽에 달랑달랑 걸어 놓은 모습들, 농사철에 쓰려고 아껴둔 쌀 등 비록 굶주림에 심한 고통을 받을지라도 꼭 필요한 곳에 쓰일 곡식은 절대로 손대지 않는 강인한 인내심과 가난을 극복하고자 하는 의지 앞에서는 보릿고개도 고개를 숙일 수밖에 없었던 것 같다.

돌이켜보면 참으로 어렵고 험난한 삶의 과정에서 그 지긋지긋한 보릿고개를 없애고 먹을 것 걱정 없는 삶으로 바꾸고자 하는 피나는 노력과 가난을 대물림해서는 안 된다는 확고한 의지로 고달픈 삶을 극복과 성장의 에너지로 승화시켜 온 가운데 비록 자신들은 못 배웠지만, 자녀들만은 잘 가르쳐 좋은 인재로 키워 내겠다는 뜨거운 교육열, 그리고 백성들을 굶주림에서 해방시키고자 하는 정부의 꾸준한 노력에 힘입어 오늘날 우리나라가 먹을 것 걱정이 없는 나라로, 나아가 경제 대국으로 성장하여 풍요로운 삶 속에서 5월을 보릿고개 대신 계절의 여왕으로 맞이하고 있음에 감사하며 살아야 할 것 같다.

홑이불을 둘러쓰고

내가 여남은 살 되었을 때 어머니의 심부름으로 마을 윗뜸 꼭대기 토담집에 사시는 병주 아저씨 집에 갔었다.

내가 왔다고 말하자 창살 문을 열어주는데 아저씨가 웬일인지 홑이불로 온몸을 두르고 양손으로 이불깃을 잡고 엎드린 채 얼굴만 내놓고 이야기를 주고받았다.

집에 돌아와 어머니께 말씀을 드리는 중에 병주 아저씨의 모습을 이야기하였더니 "참, 옷을 빠느라고 홑이불을 둘렀는가 보다." 하시며 우리 마을에 여러 집에서 갈아입을 옷이 없어 그렇게 하고 있다고 말씀하셨다.

병주 아저씨네는 형편이 어려워 철에 따라 입을 옷을 여러 벌 마련하지 못하고 단벌로 지내고 있기에 옷을 빨아 입을 때면 알몸으로 안방 아랫목에 홑이불로 몸을 가리고 옷이 말라 입을 수 있을 때까지 그렇게 하는 것이었다.

1950년대 중반까지만 하여도 농촌에서는 일부 잘사는 사람들을 제외하고는 모두 형편이 어려워 옷을 제대로 입고 살 수가 없었으며 섬유산업이 발달하지 못하여 자기 집에서 재배한 목화 솜털에서 뽑아낸 실로 베를 짠 무명베나 삼베, 모시, 명주 등으로 직접 옷을 지어서 입고 살았기에 식구가 많은 집에서는 옷감이 부족하여 옷을 넉넉히 마련할 수가 없었다.

무명은 사철을 입는 옷감으로 삼베, 모시는 여름철의 옷감으로, 누에고치에서 실을 뽑아내는 명주는 일부 부잣집에서나 외출복으로 입을 수 있는 옷감이었다.

옷감 사정이 이렇다 보니 가난한 집에서는 많으면 두어 벌 그렇지 않으면 단벌로 살기 때문에 자주 빨아 입을 수 없어 여러 날 입다 보면 때가 새까맣게 끼고 땀내가 풍기는 등 불결하기 짝이 없었다.

사람들 대부분이 일상복이나 작업복, 외출복의 구별이 없이 한두 가지 옷을 가지고 계속 입었으며 나이든 어른들은 외출복으로 바지저고리와 두루마기를 입었으며 이를 입었을 때는 구겨지거나 때가 묻지 않도록 각별하게 조심하는 모습을 볼 수 있었다. 왜냐하면, 외출복은 빨아 입기가 다른 옷보다 훨씬 힘들기 때문이었다.

속옷을 별로 입지 않았으며 성인 남자들은 잠방이나 아랫도리를 입고 위에도 내의가 없이 윗도리 하나만을 입고 살았으며 여자들은 속옷이라 할 수 있는 고쟁이 위에 치마를 입고 위에는 속적삼과 저고리를 입고 살았다. 브래지어는 아직 사용되지 않는 의류였으며 필요한 경우에는 붕대를 대용으로 쓰는 정도였다.

아이들도 속옷이 없이 바지와 저고리를 입고 살다가 양복이 들어오자 바지에 웃옷을 입게 되었다. 팬티나 메리야스를 입는 사람은 별로 없었다.

겨울에 입는 옷에는 솜을 넣어 보온이 되도록 하였으나 이런 옷도 형편이 넉넉한 사람들이나 입을 수 있었을 뿐 가난한 사람들은 무명베 한 겹으로 지은 홑것, 두 겹으로 지은 겹것을 입고 살 정도였다.

이렇게 의생활이 부실하다 보니 여름에는 옷이 두꺼워 더위를 이겨내기 힘들었고 겨울이면 거의 모든 사람이 추위에 떨면서 살아야 했으며 유독 추운 날씨에는 온 가족이 밖에 나가지 못하고 방 가운데 화롯불을 놓고 둘러앉아 언 손을 녹이면서 이런 이야기 저런 이야기를 하면서 지내기도 하였다.

1950년대 중반에야 팬티, 러닝셔츠 등의 내복이 일반화되고 한복에서 양복으로 바뀌고 의류가게들이 많이 들어서게 되면서 의생활이 많이 변화되고 향상되기는 하였으나 값이 비싸 자유롭게 사 입을 수는 없었다.

내가 1961년 공직에 들어가면서 처음으로 양복 한 벌을 맞춰 입게 되었는데 값이 어떻게 비쌌던지 고급스러운 양복도 아니지만 한 달 봉급으로도 부족하여 얼마를 더 보태서 사 입었던 것을 생각하면 옷값이 얼마나 비쌌는가를 짐작하게 해 준다.

양말도 넉넉히 사 신을 수가 없어 한두 켤레로 지내게 되는데 그것도 무명실로 짠 것이기에 쉽게 닳아져 날마다 깁고 빨아 신어야 했다. 참으로 옷을 입고 살기가 어려운 시절이었다.

가계에서 지출하는 의복비의 비중이 높다 보니 옷을 자유롭게 마련할 수 없어 같은 옷을 계속 입다 보면 쉽게 닳아져 기워 입어야 했다. 당시에는 검소한 삶으로 널리 알려진 프란체스카 여사(이승만 대통령 부인)가 손수 바느질을 하며 옷을 기워 입는 모습이 가끔 소개되기도 하리 만큼 일부 넉넉한 가정을 제외하고는 거의 모든 가정에서 옷을 기워 입고 사는 것이 일반적인 의생활 모습이었다.

이처럼 옷을 기워 입고 사는데 형편이 너무 어려운 처지에 있는 사람들은 하도 여러 번 깁고 꿰매 입다 보니 말 그대로 누더기가 되어서 이른바 '백결선생'이라고 불리는 사람들도 많았다.

성장기에 있는 아이들의 옷을 마련할 때에는 물려받아 입을 아이들이 있는 경우에는 체격에 맞는 옷을 지어 입히다가 동생들에게 물려주기도 하지만 막내나 물려줄 아이가 없는 경우에는 2, 3년 동안 입을 수 있도록 체격보다 훨씬 크게 지어 입힘으로 마치 우장을 입은 것처럼 펑퍼짐하고 소매나 바짓가랑이를 두어 번씩 접어 입어야 했다. 자녀들이 많은 가정에서는 대부분이 옷을 물려 입히기 때문에 아래 아이들은 설 명절 때나 새 옷을 입을 수 있었으며 평상시에는 형이나 언니들의 헌 옷을 물려받아 입고 살았다.

가족 공동의 의복이라 할 수 있는 이불도 넉넉지 못하여 가족들이 각자의 이불을 덮고 자는 일은 상상도 할 수 없었으며 대부분 가정에서 조부모용, 부모용, 자녀용(남, 여)으로 구분하여 마련하였으며 가난한 집에서는 온 가족이 하나나 두 개 정도로 지내기도 하였다.

당시에는 이불을 마련하려면 많은 돈이 들었기 때문에 쉽사리 마련하기가 어려워 엄두를 못 내다가 아들을 결혼시키게 되면 이불을 마련할 좋은 기회가 되기도 하였다.

이불이 신부 측에서 마련해야 할 가장 중요한 혼수품으로 여겨지고 있었으므로 대부분 가정에서 신혼부부가 덮을 이불은 필수적으로 마련해야 하며 가정의 형편에 따라 시부모, 시조부모, 기타 가족들의 몫으로 마련하는데 신혼부부의 몫은 기본(1금)이고 거기에 시부모의 몫을 더한 양금 정도가 일반적인 경향이었으며 특별한 경우에 두 몫을 더하면 3금, 세 몫을 더하면 4금, 5금, 6금…… 신부 측에서 마련하는 이불의 양에 따라 혼수품의 정도를 평가하며 그 집의 살림 규모를 가늠하기도 하였다. 여기에 이불에 맞춰 깔고 잘 수 있는 요까지 마련하면 금상첨화로 여겼다.

그러나 가난한 집에서는 이런 혼숫감을 기대하기 어려웠으며 어떤 경우에는 이불 한 채도 마련하지 못한 며느리를 맞이하여 자신이 마련해 준다든지 사용하는 이불을 나누어 쓰도록 하는 경우도 많았다.

이 무렵에는 옷이나 이불을 넣어 둘 장롱을 마련할 형편들이 되지 않을 그뿐만 아니라 방들이 좁아 놓아둘 곳도 마땅치 않아 대부분 한쪽 벽에 횃대를 만들어 걸어두고 예쁜 수놓은 횃댓보로 가려놓고 수시로 입고, 벗어 걸어 놓을 수 있도록 하였으며 이불은 옷을 개어서 넣은 반닫이 위에 차곡차곡 쌓아 두며 더러는 방바닥 윗목에 그냥 쌓아 두기도 하였다.

이처럼 입고 덮고 살기가 어려운 시절을 지내는 가운데 섬유산업이 차츰 발달하고 화학 섬유의 등장으로 사람들의 의생활이 개선되고 경제 수준이 향상됨에 따라 오늘날에는 기본적 수요에 따른 풍족한 공급은 물론 갖가지 기능성 의복과 패션을 창조해가는 풍요로운 의생활 속에서 기워 입거나 빛바랜 옷을 입고 사는 사람들을 별로 찾아볼 수 없게 되었다.

돌이켜보면 입고 나설 마땅한 옷이 없어 나들이마저 포기해야 했던 어려웠던 시절에 비록 땀 냄새 배어있는 삼베 잠방이를 걸쳤지만 비지땀을 흘리며 일하던 모습은 너무나 짠하면서도 한편으로는 밝은 내일을 일구어가는 희망찬 모습이기도 하였다.

나일론 양말

1950년대까지만 해도 여자들은 버선을 많이 신고 남자들은 양말을 신고 살았다.

버선은 무명으로 만들고 양말은 대부분 무명실로 짜서 만들었는데 세월의 흐름에 따라 여자들의 신발도 남자의 것과 비슷한 모양으로 변화되고 운동화를 신게 되자 여자들도 버선 대신에 양말을 신게 되었다.

당시에는 양말을 마음대로 사 신고 살 수 있는 형편이 못되어 일부의 부유층을 제외하고 여름철에는 양말을 신지 않고 맨발로 지내다가 늦가을 찬바람이 불면 그때야 양말을 신었다.

양말의 소재가 별로 질기지 않은 무명실로 되어 있어 잘 닳아 구멍이 나기 때문에 늘 기워 신어야 했다.

그러기에 밤이 되면 구멍이 난 양말을 빨아 꿰매는 일이 어머니나 누나의 일과라고 할 정도로 날마다 잠자기 전에 양말을 꿰매놓고 자야 아침에 식구들이 기운 양말을 신을 수 있기에 무엇보다도 관심을 가지고 해야 할 일이었다.

양말의 가격이 비싸 여러 켤레를 사 신을 수 없어서 사람들은 한두 켤레를 사서 계속 꿰매 신다가 더는 꿰매 신을 수 없게 되면 새 양말을 사 신곤 하였다.

새 양말도 한 이틀 신으면 구멍이 나게 마련이어서 신발을 벗으면 발가락이 양말 밖으로 튀어나온 모습이 우스꽝스러웠으며 그것을 감추려고 당황한 모습을 흔히 볼 수 있었다.

양말 구멍이 작을 때에는 실을 이용하여 꿰매어 신을 수 있지만 구멍이 크게 난 경우에는 다른 헝겊 조각을 구멍의 크기에 맞게 잘라 맞추고 주위를 양말과 이어 꿰매야 하므로 상당히 어려운 작업이 된다.

이렇게 꿰매 신은 양말도 신다가 보면 꿰맨 곳이 다시 닳아 버린다든지 새로운 부분이 닳아진다든지 하여 계속 꿰매 신는 작업이 필요한 것이다. 특별히 발을 많이 움직이다 보면 양말도 잘 닳아지기 때문에 활동을 많이 하는 남자와 아이들의 양말이 많이 닳아 남자가 많은 가정에서는 밤마다 양말을 꿰매거나 깁는데 여간 애를 쓰지 않았다.

양말을 꿰매는 일을 여자들은 숙달되게 잘할 수 있으나 여자들의 인력이 부족한 경우에는 기능이 서툰 남자들이 꿰맬 수밖에 없어 그 고생이 이만저만이 아니었다.

남자들이 꿰맬 때는 그냥 꿰매기가 어려워 양말의 닳아진 부분에 백열전구를 넣어 잘 펴지게 한 후에 꿰매면 훨씬 편리하게 꿰맬 수 있었다.

나도 중학교 때 양말을 꿰매다 바늘에 찔려 지혈시키느라 애를 먹었던 일이 여러 번 있으리만큼 남자아이들도 어느 정도 자라면 양말 꿰매기나 단추달기 등 기초적인 바느질은 필수적으로 익혀두어야 했다.

그러기에 초등학교의 실과나 중고등학교의 기술교과서에 바느질의 기초가 필수과정으로 다루어지고 있었다.

이렇게 양말 때문에 많은 불편을 겪고 있을 때 나일론 양말이 등장하였다. 나일론은 석탄에서 뽑아낸 화학 섬유로서 소재가 질겨 잘 닳아지지 않아 가히 양말의 혁명이라고 말할 정도로 인기리에 보급되고 크게 쓰임 받았다.

우선 잘 닳아지지 않으니까 몇 달을 신어도 자주 빨아 신기만 하면 언제나 새 양말처럼 보였고 빨아 신을 때에도 무명실 양말은 비누질하여 방망이로 두들겨 때를 빼야 하며 때가 너무 많은 경우에는 양잿물을 넣고 삶아 빨아야만 때가 빠지기 때문에 빨아 신기도 쉬운 일이 아니었다.

그러나 나일론 양말은 비누질을 해 놓았다가 손으로 몇 번 비벼 문지르면 때가 쏙 빠져버리기 때문에 세탁이 매우 간단하고 물기만 털어서 널어놓으면 금방 말라 신을 수 있기 때문에 장소나 시간에 구애받지 않고 손쉽게 빨아 신을 수 있는 이점을 가지고 있었다. 특별히 여름에는 땀이 많이 나 직장이나 야외에서 잠깐의 틈을 이용하여 양말을 빨아 햇볕에 널어놓았다가 신는 모습을 흔히 볼 수 있었다.

그리고 신축성이 좋아 웬만한 크기의 것은 아무나 신을 수 있어 무척 편리하였다. 무명 양말은 신축성이 별로 없어 발의 크기에 맞추어 사 신어야 하기에 누가 시장에 가서 사 올 때도 반드시 발의 치수를 알아야 그에 맞는 것을 살 수 있어 발의 치수를 종이에 적어가곤 하였다.

그러나 나일론 양말은 같은 크기의 양말을 사 오더라도 가정의 성인 남자들은 자기들의 취향에 따라 아무것이나 골라 신어도 모두의 발에 맞아 별다른 불평이 없었으며 필요한 경우 서로 바꾸어 신을 수도 있었다.

가격도 별로 비싸지 않아 서너 켤레 가지고 신으면 1년 내내 돌려가면서 신을 수 있으리만큼 편리하게 신을 수가 있었다. 날마다 닳은 부분을 꿰매는 것이 일과가 되고 남자들이 서투르게 꿰매다 바늘에 찔려 고통을 호소하던 때와 비교하면 얼마나 편리한지 모를 일이었다.

물론 나일론 양말에도 약점이 없는 것은 아니었다. 무명 양말보다 공기가 잘 통하지 않아 발이 땀에 젖는 경우가 많으며 무좀을 앓는 사람들에게는 무좀이 성하여 많은 고통을 받기도 하였기에 위생상으로는 무명 양말보다 좋지 않은 점이 많이 있었으나 실생활에 그렇게 편리할 수가 없으리만큼 큰 유익을 주었다.

가난하고 어려운 형편에서 양말 한 켤레도 마음 놓고 사 신을 수 없던 시절에 혜성처럼 나타난 값싸고 질긴 나일론 양말, 뒤이어 나타난 여러 가지 화학 섬유들, 우리의 의생활에 혁명적인 변화와 혜택을 가져다준 일은 생각만 해도 너무나 고마운 일이었다.

추억의 고무신

우리 어렸을 때인 1950년대에는 사람들이 주로 검정 고무신을 신고 살았다.

아이들도 어쩌다 한두 사람 흰 고무신이나 갈색 옥색 등의 고무신을 신고 다니는 아이들도 있었지만, 대부분이 검정 고무신을 신었으며 남성용과 여성용이 구별되어 있었다.

운동화 같은 신발을 신고 다니는 아이들은 찾아볼 수 없었다.

어른들도 평상시에는 검정 고무신을 신다가 잔칫집이나 색다른 곳에 갈 때는 천연고무로 만든 약간 더 부드럽고 볼품 있는 흰 고무신을 신곤 하였다.

운동화나 구두가 일반적으로 사용되는 신발이 아니었기에 일부 넉넉한 가정들을 제외하고는 거의 모든 사람이 고무신을 신고 살았으며 고무신도 넉넉히 사서 신을 형편들이 못되어 더러는 비 오는 날이면 나막신을, 하절기에는 짚신을 신기도 하였으며 짚신 삼는 기능이 부족한 사람들은 짚을 엮어서 슬리퍼처럼 신는 간편한 짚신을 만들어 신기도 하였다.

검정 고무신은 재생고무를 원료로 만든 것이기에 딱딱하고 신축성이 별로 없어 새것을 신었을 때는 발뒤꿈치에 물집이 생기거나 심한 경우 상처가 생겨 며칠 동안 고생을 할 수밖에 없었으며 특별히 양말을 신지 않는 하절기에는 더욱 고통이 심하였다.

이러한 고통의 기간이 끝나고 나면 그래도 어느 정도 오랫동안 신어야 할 텐데 한 켤레로 계속하여 신다 보니 신 바닥에 구멍이 난다든지 앞이나 옆 부분이 터져 비 오는 날이면 물이 새고 맑은 날에도 흙먼지가 수북이 들어와 밖에 나갔다가 들어오면 고무신을 씻고 발도 꼭 씻어야 했다. 닳아지거나 찢어진 고무신을 기워 신는 것도 흔히 볼 수 있는 모습이었다.

학교에서는 학급마다 5, 60명, 아이들이 거의 크기가 비슷한 검정 고무신을 신기 때문에 신장에 신을 넣어 두면 출석 번호가 붙여져 있기는 하지만 누구의 것인지 쉽게 알아볼 수가 없으며 다른 곳에 여러 사람이 벗어 놓았을 때는 구별이 잘되지 않았다.

그러기에 바늘 실을 이용하여 하얀 실로 간단한 표시를 한다든지 불로 지지는 방법 등으로 나름대로 표시를 하여 구별할 수 있도록 하였다. 어떤 아이들은 자기의 이름을 새기기도 하였다.

어른들의 경우에는 이런 표시를 별로 하지 않기 때문에 모임이나 사랑방에서 신이 바뀌는 일들이 심심찮게 일어나기도 하였다.

고무신은 신고 벗기가 편하며 더러워진 경우에도 물로 씻어버리면 깨끗해지는 이점이 있기에 농사일을 할 때나 집안에서 편하게 신을 수 있는 신발로 그리고 비 오는 날에 신기에 알맞은 신발로써 크게 쓰임 받았다.

1960년대에 접어들면서 관공서에서는 구두나 운동화를 신도록 하고 있었으나 고무신에 대한 미련을 버리지 못한 사람들이 고무신을 신고 출근을 하므로 지적을 받는 경우가 많았으며 비가 오는 날이나 휴일에는 직장에서도 고무신 신는 것을 용인하리만큼 즐겨 신기도 하였다.

그러나 운동을 한다든지 빨리 걷기에는 어려움이 많은 신발이었다.

특별히 체육 시간에 고무신을 신고 운동을 하기에는 불편한 점이 많아 달리기할 때는 고무신을 신고 뛰어야 하지만 맨발로 고무신을 양손에 들고 힘을 다해 달리는 모습들을 흔히 볼 수 있었다.

잘 벗겨지고 달려 다니기에 불편한 속성을 이용하여 교도소에서는 죄수들의 탈출을 방지하고자 하는 차원에서 고무신을 죄수들 전용 신발로 사용하기도 하였다.

50여 년 전 내가 군 생활을 할 때 영창 안에 갇혀있는 두 병사가 허리띠를 풀고 검정 고무신을 신고 앉아있던 모습도 고무신을 생각할 때면 떠오르는 모습이다.

마땅히 신발은 평상시에 신는 신발과 운동이나 작업할 때, 출입할 때 신는 것을 구별하여 신어야 하는데 형편들이 어렵고 신발 산업 자체가 발달하지 못하여 고무신만을 신고 살아가야 하는 처지에서 검정 고무신이나마 사 신고 사는 것도 감사하게 여기는 시절이었다.

내가 초등학교 졸업 무렵까지 고무신 그것도 검정 고무신을 신고 살았는데 5학년 때에 어머니께서 갈색 고무신, 갓 테두리가 하얀 줄로 두른 예쁜 고무신을 한 켤레 사 주셨다.

신발이 예쁘고 어머니께서 큰맘 먹고 사주신 신발이기에 너무나 사랑스러워 이를 가슴에 안고 만지작거리다 머리맡에 두고 자면서 날이 빨리 새기를 기다렸다가 새 신을 신고 자랑스럽게 학교에 갔었다.

신장에 넣으니 새 신이기도 하려니와 남들의 검은색과 구별이 되어 어찌나 보기 좋고 자랑스러웠든지 쉬는 시간마다 일부러 나가서 바라보면 '새 신을 신고 뛰어보자 팔딱 ~' 콧노래가 절로 나왔다.

그러나 기쁨도 잠시, 공부가 끝나고 당번 활동을 마치고 집에 돌아오려고 신장에 가보니 내 신발이 없지 않은가!

이리저리 사방을 찾아보았으나 간 곳이 없었다.

참으로 보기도 아까운 '공영표(상표)' 고무신, 어찌나 아깝고 서운한지 눈물을 흘리며 남이 신다가 내버린 샌들 비슷한 짚신을 주워 신고 집에 돌아와 낙심에 빠져있을 때 어머니께서 "그 고무신이 네 것이 안 될 것이었나 보다. 돌아오는 장에 다시 한 켤레 사주마." 하시며 나를 위로하고 달래주시던 모습이 그 갈색 고무신과 함께 지금도 눈앞에 선하게 그려지곤 한다.

돌이켜보면 고무신은 별로 모양새가 없고 불편한 점이 많은 신발이지만 조금이라도 아껴 신으려고 애쓰던 모습들, 흙 묻은 고무신을 신은 채 물속에 담근 후 발뒤꿈치를 들고 몇 번 흔들거리다 보면 발과 함께 깨끗이 씻어지던 모습, 도랑에서 미꾸라지 송사리를 잡아 고무신에 담아 들고 오던 모습, 수박 서리 같은 것을 하다가 들킬 때면 고무신을 벗어 양손에 쥐고 줄행랑을 치던 일, 아이들이 심심할 때 즐기던 고무신 던지기 놀이 등 수없이 많은 추억을 안겨준 신발이었다.

어른들의 회갑 잔치에 흰 고무신을 한 켤레를 선물하면 크게 기뻐하던 일, 시집가는 처녀에게 선물로 주던 유난히 코가 예쁜 흰 고무신 그리고 꽃무늬 새겨진 꽃신, 아직 더 신을 수 있는 고무신이지만 엿장수의 구성진 가위소리에 검정 고무신짝을 들고 나와 엿을 달라고 하는데 흰 고무신만 받는다는 말에 울상을 지으며 엿판을 바라보며 입맛을 다시고 있는 어린아이에게 맛보기를 조금 떼어주던 엿장수 아저씨의 인정스러운 모습, 사랑하는 사이에서 여자가 남자와 헤어지게 될 때 '고무신을 거꾸로 신는다.'라는 말로 결별을 표현하기에 남자가 군에 입대라도 하게 되면 장기간 헤어져 있게 되므로 행여라도 고무신 거꾸로 신지 않을 것을 신신당부하기도 하였다.

그리고 아이들이 잘못을 저질렀을 때 큰 잘못이 아니면 몽둥이나 회초리 대신 고무신으로 등짝을 가볍게 때리는 정도로 징벌하면서 웃음으로 훈계하며 다독이던 할아버지의 모습은 오히려 정겨운 모습으로 비추어지기도 하였다.

선거 문화가 제대로 자리를 잡지 못했던 시절에 막걸리와 더불어 입후보자가 유권자들에게 표를 매수하는 수단으로 널리 쓰였던 부끄러운 역사도 지니고 있다.

이처럼 다양한 쓰임 속에서 고무신은 우리 민족과 애환을 함께 해온 참으로 정 깊은 신발이었다.

비록 투박하고 불편한 신발이었지만 날씨가 좋은 날에는 짚신으로 비가 오는 날에는 무겁디무거운 나막신으로 살아가던 어려운 시절에 고무신이 온 국민의 신발로써 크게 쓰임 받았던 일을 생각하면 고맙기 그지없는 일이었다.

오늘날에는 국민소득이 늘어나고 신발 산업도 고도로 발달하여 질이 크게 향상되고 각종 기능성 신발이 주목을 받는 시대에서 고무신은 여자들이 한복 정장을 차려입을 때나 신는 추억의 신발이 되었지만, 비록 낡은 검정 고무신을 신었지만 땀 흘려 농사일을 한 후 흙 범벅이 된 이 신발을 신은 채 개울물에 담가 씻으며 손등으로 이마에 흐르는 땀을 연신 닦아내던 모습은 참으로 순박하고 부지런한 농부의 모습이기도 하였다.

온돌방 명암

흔히 온돌방이라고 하면 침대를 사용하는 방이나 다른 형태의 방보다 어딘지 모르게 한국적인 뉘앙스로 다가와 따뜻하고 아늑하며 포근한 느낌이 든다.

오늘날에는 방바닥에 구들장을 놓지 않고 쇠붙이나 PVC 로 만든 관을 고르게 깔아 그 관으로 따뜻한 물이 흐르도록 하여 항상 같은 온도를 유지하기 때문에 방 전체가 따뜻하여 방안의 어느 곳에서나 아랫목, 윗목의 구별이 없이 고루 사용할 수 있어 '온돌방은 따뜻한 방'이라는 인식 속에 살아가고 있다.

그러나 옛날의 온돌방은 고래 위에 바윗돌을 넓고 얇게 뜬 구들장을 깔고 위에 흙을 이겨 바른 후 장판을 깔아 놓은 방으로 불을 때면 구들장에 열이 가하여져 따뜻해지는 방이었다.

고래와 구들장이 잘 놓여 비교적 고르게 따뜻한 방이 있는가, 하면 잘 못 놓인 때는 불길이 직접 닿는 곳은 뜨거울 정도로 따뜻하나 불길이 직접 닿지 않거나 연기만 지나는 곳은 차가울 수밖에 없는 방도 많았다.

설령 구들장이 잘 놓이고 불길이 고르게 닿는 방일지라도 방 전체의 온도가 달라 아랫목과 윗목이 구별되어 불이 직접 닿는 아랫목은 따뜻하나 불길이 잘 닿지 않는 윗목은 온기가 없어 그냥 앉아있기가 불편할 정도로 차가운 경우가 많아 가족들이 방에서 생활할 때에도 아랫목을 중심으로 옹기종기 앉아 지내곤 하였다.

그러기에 아랫목은 할아버지나 할머니를 비롯한 어른들의 차지가 되었으며 가족들의 서열에 따라 차츰 윗목으로 물러나게 되어 있었다. 철이 들지 않은 아이들은 아랫목에서 어른들의 무릎에 앉거나 어느 곳에든지 자유롭게 앉을 수 있었으며 손님이 왔을 때는 아랫목으로 맞아들이는 것이 당연한 예의로 여겨졌다.

가정에서 밥을 짓거나 음식을 만들 때 아궁이에 불을 때는 것으로 난방을 하게 되는데 긴 시간 보온이 필요한 밤에도 저녁밥을 지으면서 불을 때고 나면 아침밥을 지을 때까지 별도로 군불을 지피지 않기 때문에 새벽녘이 되면 구들장이 식어버려 차가운 방이 되게 마련이었다.

몸이 아픈 사람이 있거나 어려운 손님이 왔을 때는 자정쯤에 볏짚 한 다발을 단단히 묶어 불을 붙여 아궁이 깊숙이 넣어두면 오래도록 타면서 구들장이 다시 가열되어 아침까지 따뜻하게 잘 수 있으나 연료 사정이 좋지 않은 시절에 방에 불을 두 번 때는 일은 극히 드문 일이었다.

여름철에 자유롭게 거처하던 방도 겨울철이 되면 땔감이 부족하여 거처하지 않고 식구들이 좁은 방에서 한데 모여 사는 불편을 겪기도 하였다.

이렇게 방들을 나무 땔감을 지펴서 난방하였기에 방을 크게 만들면 넓어서 활발하게 이용할 수는 있으나 불길이 가는 곳을 제외하고는 난방이 되지 않아 사실상 차가운 부분의 넓이가 넓어져 방 전체가 더 추울 수밖에 없으므로 아예 집을 지을 때부터 방을 넓게 만들지 않고 안방 겸 거실로 사용하는 큰 방이라고 해야 사방 10자(3M)를 넘는 방이 드물었으며 규모가 작은 집에서는 9자 정도로 만드는 것이 일반적인 추세였다.

겨울에는 난방하는 일이 가정에서 가장 중요한 일의 하나였는데 대부분 가정에서 겨울철에 쓸 땔감을 미리 준비해 두었다가 썼다.

그러나 월동 준비에 힘썼다고 하지만 지내다 보면 땔감이 부족하기 마련이어서 난방을 충분히 하지 못한 채 겨우 방바닥이 차갑지 않을 정도로 난방을 유지하면서 지내는 집들이 많아 잠을 자고 나도 피로가 풀리지 않아 삭신이 쑤신다고 호소하는 사람들이 많았다.

허리가 아프다든지 신경통을 앓고 있는 노인들은 방이 따끈따끈한 집을 찾아 뜨거운 방바닥에 대고 조리를 하기도 하였다.

식구가 많아 많은 양의 밥을 짓거나 국을 끓일 때는 그 지피는 불로 그런대로 난방을 유지할 수 있으나 식구가 적어 밥이나 음식을 마련하는데 밥솥에 불을 지피는 시간이 짧아 난방이 제대로 되지 않으면 하는 수없이 미지근한 방에서 잠을 자기 시작하여 새벽녘이면 방안에 가득 찬 냉기와 씨름하며 강치라도 하는 날이면 코끝이 시려 이불을 둘러쓴 채 새우잠을 자야 했으며 윗목에 놓아둔 자리끼에 살얼음이 얼어있으리만큼 추운 방에서 고생했다.

이부자리 또한 넉넉지 못하여 어려운 가정에서는 너덧 명이 요도 깔지 않은 맨바닥에 겨우 이불 한 장으로 같이 덮고 잠자리에 들었기에 잠을 자다가 이리 끌고 저리 당기다 보면 가에 자는 사람은 이불을 덮지 못한 채 잠을 설치기 일쑤여서 서로 가운데에 자려고 다투는 일이 많았다.

발이라도 따뜻하게 하고자 아랫목으로 발을 뻗고 자던 일, 같이 자는 가족 중에 감기라도 걸린 사람이 있으면 밤새워 간호하며 같이 밤을 지새우던 일, 방바닥은 비록 온기가 없지만 한 이불 속에서 서로가 몸을 비비며 체온으로 추위를 이겨내던 일, 그리고 화롯불에 둘러앉아 시린 손을 녹여가며 서로 사랑의 대화를 나누었던 일들이 불편했던 추억보다는 그리운 모습들로 다가오는 것은 온돌방만이 가지고 있는 정 깊은 삶의 모습이 아닐까?

오늘날에는 구들장을 놓은 온돌방은 거의 찾아볼 수 없고 농촌에서도 구들장 대신에 보일러로 개량된 큼직한 온돌방에서 생활하게 되었으며 도시지역 아파트에서는 널찍한 방에 윗목 아랫목 구별 없이 따뜻하고 쾌적한 온돌방에서 아무런 어려움 없이 살아가고 있으니 이 얼마나 복된 삶인가?

주거문화가 발달되지 못했던 시절에 우리 조상들이 겪었던 온돌방의 애환을 별로 느끼지 않고 살아가고 있는 시대에서 온돌방의 포근함을 느끼며 때때로 몸에 좋다는 갖가지 기능성 온돌방을 찾아 즐기면서까지 살아가고 있는 것에 늘 감사하면서 살아야 할 것 같다.

2부

가난을 이겨내고

좀도리 배미

"어머니, 좀도리 통이 다 찼는데 어떻게 할까요?"

"너희 부부가 모았으니 상의하여 쓰도록 하려무나."

"막내 종진이에게 공책 두어 권 사주었으면 좋겠다만……."

이웃집 내정 아주머니 고부간에 주고받는 대화였다.

좀도리 쌀은 밥을 지을 쌀에서 많게는 한 주먹, 적게는 반 주먹 정도의 적은 양을 덜어내 쌀통 곁에 마련된 호리병같이 생긴 좀도리 통에 모아 두는 쌀을 말하며 언제부터 시작되었는지는 모르지만 내가 어렸을 때는 말할 것도 없고 1980년대까지도 시골에서는 전통적으로 이루어지고 있었다.

좀도리 쌀은 식구들이 끼니에 먹어야 할 쌀에서 약간 절약하여 모으는 쌀이기 때문에 식구들의 밥의 양이 약간씩 적어질 수가 있으나 많은 차이가 있어서는 안 되고 식구들이 부족함을 잘 느끼지 못하는 정도에서 절약하였다.

더러는 식구들이 먹을 쌀은 그대로 두고 쌀을 따로 떠내 그것을 좀도리 통에 넣는 경우도 있었으나 이는 좀도리 쌀의 근본 취지에 어긋나는 일이었다.

좀도리 쌀은 그 바탕에 반드시 절약의 정신이 깃들어있어야 하며 결코 많은 양의 쌀을 모으는 것만을 목적으로 하지는 않았다.

이처럼 정성스럽게 모여진 쌀은 다른 쌀보다 귀하게 여겨졌으며 쓰이는 곳도 무엇인가 뜻있는 일에 쓰려고 힘썼다. 좀도리 쌀은 비록 적은 양들의 쌀이 모여지지만, 밥을 지을 때마다 꾸준히 떼어 붓다 보니 시나브로 불어나 제법 많은 양이 모여지게 된다.

우리 이웃집 금산댁네는 식구가 여덟이나 되어 자연히 좀도리 쌀도 많아 끼니마다 한 주먹씩 넣게 되어 1년이면 한 말이 넘는 쌀과 보리쌀이 모여져 이를 장리쌀로 키워 가는데 해마다 좀도리 쌀 자체가 한 말 넘게 늘어나고 이자로 붙는 쌀과 함께 복리로 늘어가다 보니 10년이 채 되기 전에 논을 두 마지기나 사게 되었다.

논을 사자 사람들이 좀도리 쌀을 모아 샀다고 해서 그 논을 '좀도리 배미'라고 부르게 되었다.

마침 그 논배미가 눈에 잘 띄는 언덕 밑에 왕골이 자라고 있어 지나다니는 사람마다 부러운 눈으로 쳐다보곤 하였으나 지금은 경지정리가 되어버려 어디인지 잘 알아볼 수 없게 된 것이 아쉬움으로 남아있다.

생각해보면 밥을 지을 때 붓는 한 주먹의 적은 쌀…… 그 자체만으로는 단돈 몇 푼 가치도 되지 않은 작은 것에 불과하지만 꾸준히 모으다 보니 이런 큰일을 이루어 마침내 그 가정의 살림에 큰 보탬을 주었으며 그 논에 왕골을 심어 벼를 심는 것보다 서너

배, 소출을 거두어 훗날 마을에서 잘사는 집의 반열에까지 올려준 원동력이 되었다.

다른 집들에서도 좀도리 쌀을 이용하여 딸의 혼숫감을 마련했다든지 자녀들의 학용품 값으로 써간다든지 여름철에 보리밥을 지을 때 약간씩 위에 놓아 쌀밥으로 할아버지를 봉양했다는 등의 참으로 아름답고 실속 있게 썼다는 이야기들이 많았다.

'티끌 모아 태산'이라는 말이 현실적으로 나타난 실화들이었다. 이렇게 좀도리 쌀이 유용하게 쓰여지자 5·16 직후에 재건국민운동에서 국민에게 저축심을 높이기 위하여 이 좀도리 쌀 모으기를 적극적으로 권장하여 농촌을 비롯한 많은 가정에서 이를 받아들여 실천하게 되었으며 수많은, 성공사례들을 소개하기도 하였다.

참으로 작지만 알뜰한 절약 저축 수단으로 크게 쓰임 받던 일이었다.

오늘날 식량 사정이 좋아지고 살림이 넉넉하게 되자 좀도리 쌀을 모으는 가정들을 별로 찾아볼 수 없게 되어 젊은이들은 물론 상당히 나이가 든 사람들에게서도 '좀도리 쌀'은 생소한 어휘가 되어 있으리만큼 그 뜻이나 배경을 알지 못하고 있음을 볼 때 좋은 전통이 사라져버린 것 같아 아쉬운 마음이 든다.

어려웠던 시절에 밥을 제대로 먹지 못하던 처지에서도 한 줌의 쌀을 모아 요긴하게 쓰기 위하여 노력했던 조상들 검약의 얼이 담긴 '좀도리 쌀!' 그 아름다운 정신이 오늘의 풍요로운 삶 속에서는 불우한 이웃을 위한 '나눔의 쌀'로 승화시켜 나간다면 좀도리 쌀의 아름다운 전통도 계승하는 일이 되려니와 우리 사회가 진정 나눔과 베풂이 가득 찬 따뜻하고 정 깊은 세상으로 거듭나는데 큰 보탬이 되지 않을까?

나뭇짐을 팔아서

내 초등학교 1년 후배인 N 군은 6남매 중 둘째 아들로 태어나 가정형편이 어려워 중학교에 진학하지 못하고 학교를 졸업하자 아버지를 따라 농사일을 도우며 산에 올라가 나무를 하며 집안일을 도왔다.

그의 집은 형편이 어려운 데다 자녀가 여섯이나 되어 자녀들을 모두 중학교에 진학시키지 못하고 장남만 중학교에 진학시키고 남은 자녀들은 초등학교만 졸업시킨 뒤 농사일을 돕거나 취업을 시켰다.

이러한 가정의 방침에 따라 형은 중학교에 진학하여 공부하고 있는데 자신은 진학하지 못하게 되자 공부를 하고 싶은 마음은 간절하나 꿈을 접은 채 집안일을 돕고 있으니 마음 한구석에 허전한 마음이 자리 잡고 있을 수밖에 없었다.

날로 뜨거워져 가는 향학열을 잠재울 수가 없어 아버지께 자기도 중학교에 보내줄 것을 수차 요구하였으나 들어주지 않자 몇 번이고 가출을 시도하기도 하였다.

3년의 세월이 지나 그의 나이 열다섯 살이 되던 해에 아버지에게 자기도 중학교에 진학하겠으며 학비는 자신이 마련하여 조달하겠다고 말씀드린 후 바로 산에 가서 나무를 하여 시장에 팔기로 하고 거의 날마다 나무를 해내려 장날이면 한 짐씩 지고 가서 팔아 돈을 모으기 시작했다.

N 군이 아직 어린 나이에 나뭇짐을 지고 30리나 되는 송정리 5일 시장에 가서 팔고 돌아온다는 것은 무척 힘들고 어려운 일이었으나 오직 학업을 계속하겠다는 일념으로 하루도 쉬지 않고 억척스럽게 나무를 해 내렸다.

이와 같이 1년여 동안 나뭇짐을 팔아 돈이 어느 정도 모이자 송정리에 있는 정광중학교에 입학하여 초등학교 동급생들이 고등학교 다니는데 그는 그제야 중학생이 되었으나 조금도 부끄러워하지 않고 뒤늦게나마 상급학교에 진학하여 공부하게 된 것에 감사드리며 열심히 공부했다.

학교에 다니면서도 휴일이나 방학 중에는 산에 가서 나무를 하여 나뭇짐을 지고 가서 파는 대신에 소달구지를 빌려 몇 짐씩 싣고 가서 팔아 학비에 보태기도 하였다.

다른 사람에 비하여 4년이나 늦은 늦깎이 공부이기에 최선을 다하여 공부함으로 우수한 성적으로 중학교를 졸업하고 광주 시내에 있는 일류학교인 광주제일고등학교에 들어가 그 학교에서도 열심히 공부하여 조선대학교 법학과에 장학생으로 들어가 4년 동안 줄곧 장학금을 받았으며 졸업할 때에는 과 수석 졸업의 영광을 차지하였다.

졸업 후에 약 2년 동안 행정고등고시를 준비하기 위하여 산속 깊은 곳에 있는 제각에 들어가 본격적으로 준비를 하였으나 경제적인 어려움 때문에 고시합격의 꿈을 접고 7급 공채에 응시, 바로 합격하여 성적이 좋아 내무부로 발령을 받아 10여 년 후에 5급으로 승진되어 중요한 업무를 수행하였다.

시험을 준비하는 과정에서도 필요한 경비를 마련하기 위하여 틈틈이 공사장에 나가 막노동을 한다든지 월부책 장사하는 등 아르바이트를 했기 때문에 사실상 공부에 전념할 수 없어 고등고시를 포기한 것으로 보아진다.

돌이켜보면 빈한한 가정에 태어나 도저히 학업을 계속할 수 없는 처지에서 어린 나이에 자기 키보다 더 큰 지게를 짊어지고 나무, 그것도 상품 가치가 있는 땔감을 골라 장날이면 30리 길을 한 짐 가득 지고 가서 팔고 다시 30리를 돌아오는 고달픈 일, 나이든 어른들도 하기 어려운 일을 해낸 것은 고난을 이겨내고 기어이 목표를 이루고야 말겠다는 강인한 의지가 있었기 때문이었다.

그 당시 1950년대 후반은 6·25 전쟁이 끝난 지 얼마 되지 않고 전쟁의 후유증으로 인하여 형편들이 너무나 어려워 아이들 대부분이 중학교에 진학하지 못하고 집안일을 돕다가 서울 등지로 나가 생업에 종사하는 상황에서 우리 마을에서 유일하게 N 군만이 그야말로 자력으로 대학까지 마치고 그가 그렸던 공무원이 되었던 것이다.

어린아이가 산에서 나무를 해 다가 멀리 떨어진 시장에 한 짐, 한 짐 지고 가서 팔아 그 돈으로 공부를 하여 성공했다는 이야기는 어쩌면 동화책 속에나 나올 법한 이야기일 것 같다.

어려서부터 남달리 의지가 강했던 N 군은 주어진 환경이나 여건에 굽히지 않고 학업을 계속하기 위하여 그 어린 나이에 나뭇짐을 지고 머나먼 길을 오가는 등 힘에 겨운 일들을 마다하지 않고 노력하였기에, 그리고 청운의 꿈을 품고 최선을 다하여 이를 이룩하였기에 많은 사람으로부터 칭송을 받게 되었으며 학생들이나 젊은이들에게 귀감이 되었다.

우물 안의 개구리 세상을 보다

40여 년 전 고향 선배인 L 변호사가 검사 시절에 모 일간지에 자전적 수필 형식으로 썼던 칼럼을 감명 깊게 읽은 적이 있다.

이 글에서 L 변호사는 자신을 우물 안의 개구리가 밖으로 나와 세상을 보게 되었다고 술회하면서 어려운 여건 속에서도 꿈을 안고 끈질기게 노력하였던 일을 진솔하게 이야기했다.

글의 내용이 현실감이 있고 평소에 그 선배를 잘 알고 있는 나에게는 마치 그의 이력서를 읽는 것처럼 생생한 느낌을 주었다.

그도 그럴 것이 L 선배는 초등학교 졸업의 학력으로 고등고시 사법과(사법시험의 전신)에 합격하여 검사가 되어 사회의 지도적 인사가 된 입지전적인 인물로 널리 알려져 있기 때문이다.

L 선배는 가난한 가정에서 장남으로 태어나 홀어머니를 도우면서 어린 동생들을 보살펴야 했기에 초등학교 시절부터 학교에 다녀오면 집안일을 돕지 않을 수 없었으며 가정형편이 워낙 어려워 중학교에 진학할 엄두도 내지 못하고 학교를 졸업 하자마자 어머니를 도와 농사일을 비롯한 집안일을 도우면서 지내게 되었다.

학교에 다닐 때 공부를 매우 잘했으나 가정형편 때문에 중학교에 진학하지 못하고 열두어 살의 나이에 농사일하는 것은 그에게 너무나 힘에 겨운 일이었으며 자기보다 공부를 훨씬 못했던 친구들이 중학교 교복을 입고 자랑하는 모습으로 다가올 때면 그는 자신의 처지가 너무나 초라하고 처량해 미리 숨어버리기 일쑤였다.

비록 상급학교에 진학은 하지 못하였지만, 학업에 대한 그의 열정은 매우 뜨거워 농사일을 하면서도 틈틈이 통신교재를 통하여 중학교 과정을 공부하는 등 그야말로 주경야독으로 학업의 끈을 놓지 않았다.

이렇게 예닐곱 해가 지나 동생들이 농사일을 어느 정도 도울 수 있게 되자 가족들에게 자신이 보통고시에 도전할 것을 이야기하고 마을 뒤편에 있는 제각으로 들어가 본격적인 시험 준비에 들어갔다.

그러나 아직은 동생들이 어린 가운데 있고 가정형편이 어려워 마음 놓고 공부할 수 없는 처지인 데다 큰아들이 공부하는 것을 탐탁지 않게 여기며 농사일을 돕지 않는다고 늘 성화를 부리고 있는 어머니 아래서 공부를 하다 보니 어려움이 적지 않았다.

보통고시가 정규 대학을 졸업한 사람이나 적어도 고등학교 정도는 마친 사람들이 응시했던 어려운 시험에 중학교 문턱도 밟아보지 못한 L 선배가 이에 도전한다는 것은 어떻게 보면 오르지 못할 나무를 오르려는 일 같이 불가능에 가까운 일이었다.

그러나 L 선배는 반드시 꿈을 이루고야 말겠다는 강한 의지와 열정으로 몇 번의 실패 끝에 20대 초반에 꿈에도 그리던 보통고시에 합격하게 되었다.

이 시험에 합격하면 대부분이 군청 과장급(당시에는 군수의 직급이 현재의 5급이었음)으로 임용받을 수 있었으나 L 선배는 이에 만족하지 않고 고등고시에 도전할 것을 계획하고 다시 외롭고 힘든 시험 준비에 들어갔다.

그 귀한 시험에 합격하고도 공직 임용을 포기하고 훨씬 더 어려운 고등고시에 도전한다는 것은 보통 사람으로서는 하기 어려운 결단이며 어떤 면에서는 무모한 일이라고 여겨질 수도 있을 처지에서 L 선배의 결단과 그 용기는 하나님께서 주신 특별한 은사라고 말할 수 있으리라.

당시에 고등고시는 대학교 3학년 이상 수료자나 고등고시 예비고시 합격자에게만 응시자격이 주어졌으므로 보통고시에 합격하였으나 이는 자격 요건을 충족할 수 없어 예비고시준비에 들어가게 되었다.

예비고시에 영어 과목은 없으나 수학이 상당히 높은 수준에서 출제되기 때문에 수학준비에 많은 애를 먹었으며 수학 때문에 두 번 고배를 마시는 어려움을 겪기도 하였으나 3년 만에 거뜬히 합격하게 되었다.

예비고시에 합격하자 본격적으로 본 고시 준비를 시작하여 최선의 노력을 기울임으로 몇 번의 실패 끝에 1960년대 초반에 고등고시 사법과에 당당히 합격하게 되었다.

일류대학 법대에서 전문적인 교육을 받고 좋은 여건 속에서 준비에 전념했던 사람들도 합격하기가 힘든 시험을 학교라고는 초등학교밖에 다니지 못하고 열악하기 그지없는 환경을 극복해 가면서 그 어려운 고등고시에 합격하다니! 참으로 장한 일이 아닐 수 없으며 우리나라 사법시험 사상 유례가 드문 일로써 말 그대로 개천에서 용이 난 기적 같은 일이 아닐 수 없었다.

L 선배의 입지전적인 성공사례는 많은 사람에게 감동을 주었으며 특별히 우리 고향에서는 L 선배의 도전정신과 끈질긴 노력을 귀감 아 그의 아들을 비롯하여 많은 후배가 사법시험이나 행정고시에 도전하여 그의 뒤를 이어 10여 명이나 합격하는 좋은 영향을 미치기도 하였다.

L 선배는 시험 합격 후 광주와 서울, 부산 등지에서 검사로 근무한 뒤 부장검사까지 지내고 이제 80이 훨씬 넘었지만, 변호사로 일하면서 많은 글을 써 법률잡지 등에 투고하며 여러 권의 수필집을 발간하는 등 창작활동에도 열심을 다 하고 있다.

이와 같은 L 선배의 성공적인 삶에서 초등학교 졸업의 학력과 가난한 가정형편, 장남으로서 어려서부터 농사일에 매달려야 했던 어린 시절은 어떻게 보면 우물 안의 개구리처럼 넓은 세상을 바라기는 불가능한 처지였다.

그러나 고등고시 패스의 원대한 포부를 가지고 꾸준히 노력함으로써 그 꿈을 이루어 우물 밖의 세상으로 나와 마음껏 나래를 펴고 살아가게 되었으니 이는 오로지 L 선배의 현실에의 안주보다 어려운 환경 속에서도 굴하지 않고 목표를 향하여 전력투구한 강인한 의지의 산물이었다.

'초졸 보통고시 - 예비고시 - 고등고시합격'의 신화를 이루어낸 L 선배의 자랑스러운 모습에 다시 한번 뜨거운 박수를 보내고 싶다.

진정한 농사꾼

N형님은 나보다 십여 년 위인 분이다. 6·25 전쟁이 나자 군대를 지원 입대하여 군 생활을 마치고 집에 돌아와 홀로 계신 어머니와 동생 세 식구가 단출하게 살아가게 되었다.

가정형편이 어려워 초등학교를 겨우 마치고 농사일을 하다가 어린 동생에게 작은 힘이나마 어머니의 농사일을 도와드릴 것을 부탁하고 군대에 다녀오면 반드시 중학교에 보내주겠다고 약속을 하고 떠났기에 제대하자 동생을 다른 아이들에 비하여 3년이나 늦었지만, 중학교에 진학시켜 공부를 계속할 수 있도록 하였다.

전답이라야 논 너 마지기와 밭 두 마지기가 전부인 가난한 형편에 세 식구가 먹고살기에도 빠듯한 처지에서 동생을 상급학교에 진학시켜 학업을 계속시킨다는 것이 결코 쉬운 일이 아니었다.

비록 자신은 중학교에 진학하지 못했지만, 동생을 교육시키고자 하는 어머니의 바람과 동생만은 공부를 계속시켜 좋은 인재로 키워보겠다는 일념에서 중학교에 진학시키고 대학까지 졸업시켜 중등학교 교원으로 진출시켰으니 이 얼마나 장한 일인가?

당시 그의 동생이 중학교에 입학했던 1955년은 전쟁 직후라서 국가 경제가 너무나 어렵고 거듭되는 흉년 속에 가정의 살림살이가 말이 아닐 정도로 어려워 보릿고개라고도 일컫는 춘궁기에는 하루 한 끼 정도는 죽을 쑤어 먹으면서도 오로지 동생의 앞날을 위하여 자신을 희생한 N 형님의 그 순수한 사랑은 주위의 많은 사람으로부터 칭송과 존경을 받았다.

특별히 농사에서 얻을 수 있는 수입이 너무나 적어 동생의 학비 마련을 위하여 공사판이라는 공사판을 원근을 가리지 않고 달려가 일했으며 비 오는 날이나 눈이 오는 날이면 봉투 만드는 일을 비롯하여 집에서 할 수 있는 일을 찾아 단 하루도 쉬지 않고 노력함으로 동생이 어려운 여건 속에서도 대학을 졸업하고 중등교사 자격증을 따내는 알찬 열매를 맺을 수 있게 되었다.

그런 가운데 스물다섯 살에 가정을 이루어 다산의 축복을 받았던지 7남매를 두어 이들을 양육하고 교육하는 것이 참으로 벅찬 일이었지만 아들 4형제 중 둘째와 셋째는 대학까지 보내는 등 교육에 힘써 각기 자기의 분야에서 열심히 살아가고 있다.

당시에 많은 자녀를 둔 것이 미련하고 무능한 일로 업신여김을 받던 세파 속에서도 갖은 고난을 이겨내고 자녀들을 잘 양육하여 사회에 진출시켜 자녀를 많이 둔 가정의 본보기가 되었던 것은 그의 천부적인 가족 사랑과 지칠 줄 모르고 일했던 결과였다.

그는 비록 초등학교만 졸업했지만, 농사방법의 개선을 위한 그의 연구와 노력은 학벌이 좋고 유능한 사람보다 깊어 농사철이면 종자를 마련하는 일에서부터 재배와 수확에 이르기까지 농촌지도소의 지도를 받아 열심히 해냄으로 다른 사람들보다 훨씬 많은 수확할 수 있었다.

쌀, 보리 중심의 농업에서 벗어나기 위하여 왕골의 주산지인 함평에 가서 재배 농가를 찾아 직접 왕골 재배 기술과 돗자리 짜는 기술을 배워와 논 두 마지기에 왕골을 심어 피죽(껍질)을 말려 시장에 파는 한편 일부는 겨울철 농한기와 공사판 일이 없는 기간에 아내와 함께 돗자리를 짜서 팔아 큰 소득을 올렸다.

벼농사를 지을 때보다 3배 이상 소득을 올려 남들의 부러움을 샀으며 그가 왕골 재배에 성공하자 마을에서 다음 해에 세 집, 그다음 해에 일곱 집이 왕골 농사를 짓기 시작하여 열 두어 집이나 왕골을 재배하여 농가 소득에 많은 보탬이 되게 하였다.

밭농사도 보리나 채소를 심는 것에서 벗어나 포도원을 조성하고 감나무를 심어 제법 짭짤한 소득을 올리는 등 전답의 효율적인 이용을 통하여 생각하기보다 많은 수익을 올리게 되었다.

부지런함이 반복이라 하지 않았던가, 어렵기 그지없는 형편에서 동생과 7남매를 교육시키기에는 턱없이 부족한 살림 속에서도 억척같이 일하여 동생과 자녀들을 기르고 가르쳐 가정을 이루기까지 모든 뒷바라지를 마쳤다. 그렇게 하고도 살림이 늘어나 지금은 논 여남은 마지기 밭 댓 마지기로 살림을 늘려 놓았으니 엄청난 흑자 인생이 아니겠는가?

더구나 막내아들을 자신의 뒤를 이어 농사를 지으면서 살 것으로 가족 간에 합의하여 놓고 자신이 일할 수 없을 때 그 아들이 돌아와 농사를 지으면서 살 수 있도록 해 놓았으니 그의 농촌 사랑, 일 사랑의 삶이 대를 이어갈 수 있게 되었다.

이제 90이 가까워진 나이지만 아직도 건강한 모습으로 '일이 좋아서 그리고 일을 사랑하기에 일한다.'라면서 기쁨으로 농사일을 해내고 있으니 얼마나 복 받은 삶인가?

가을이면 논이나 밭에서 거두어들인 곡식들을 자녀들에게 보내주는 재미로 노년을 살고 있다는 그의 말과 같이 젊어서부터 자신을 희생하며 오직 동생과 자녀들을 위하여 부모로서 역할을 다하여왔다. 항상 기쁨과 감사함으로 살아온 삶이었다.

그리고 주어진 농토를 효율적으로 이용하기 위하여 최선을 다함으로 자신에게는 물론 이웃에게 큰 덕을 끼치며 살아온 부지런하고 사명감 깊은 삶이었기에 마음에서 우러나오는 찬사를 보내고 싶다.

N 형님! 당신은 우리 시대의 진정한 농사꾼입니다.

꼴찌의 변신

내가 초등학교 교사 초임 시절 5학년을 담임했을 때 반 아이들 70여 명 가운데 유난히 코를 흘리며 옷소매에 콧물이 말라붙어 번들거리며 오랫동안 몸을 씻지 않아 악취가 풍기는 Y 군이 있었다.

당시인 1960년대 초만 하여도 찬 바람이 불기 시작하면 땔감의 부족으로 물을 끓일 수가 없어 겨우 설 명절 때나 할 정도로 목욕을 거의 하지 않았으며 이도 제대로 닦지 않은 채 겨우 얼굴만 씻는 정도에 그쳐 몸이 숫제 까맣게 보여 '까마귀 아저씨'라고 불릴 만큼 때가 끼어 있고 손등이 부르터서 빨간 핏발이 서려 있어 보는 사람마저 아픔을 느끼게 할 정도인 아이들이 많았다.

또한, 먹을 것 제대로 먹지 못하고 자라고 있었기에 코흘리개 아이들이 많이 있었으나 손수건을 가지고 다니는 아이들을 찾아보기가 어려웠다.

이런 아이들의 위생지도를 위하여 수시로 용의 지도를 하며 한 주일에 한 번 정도는 정기 용의 검사를 하게 되는데 Y 군은 이러한 검사에 통과한 일이 별로 없고 늘 지적을 당하는 용의가 불결한 아동으로 인식되어온 아이였다.

게다가 공부마저 뒤떨어져 꼴찌를 하고 있으니 자연히 아이들이 가까이하기에 싫어하고 여자아이들은 냄새가 난다고 옆자리에 앉기도 꺼렸다. 까딱 잘못하면 요샛말로 왕따를 당할 처지에 있었다.

그의 지도를 위하여 우선 가정과 협력하여 용모를 단정히 하는데 힘쓰는 한편 보충지도를 통하여 학력을 높이는데, 주력하였다. 그러나 학급 인원이 70명이 넘고 학습부진아가 많은 처지에서 수업시간에 충분한 개별지도가 어렵고 방과 후에도 Y 군은 통학 거리가 십 리나 되어, 다른 아이들처럼 오랫동안 보충지도를 할 수도 없었다.

고립상태에 있는 교우 관계를 다소나마 넓게 형성하여 주기 위하여 알맞은 역할을 주어 담당하게 하고 반장을 비롯한 학급 임원들에게 Y 군과 사이좋게 지낼 것을 권면하는 등 다각적인 활동으로 교우 관계는 많이 개선되었으나 학습부진아를 완전히 벗어나지 못한 채 학년을 마치게 되었다.

이듬해에 나의 군입대로 서로 헤어지게 되어 그 후의 일은 알지 못한 가운데 지냈으며 다만 꼴찌, 코흘리개, 어병한 용모 등 부정적인 인상만 남았을 뿐 까맣게 잊고 지내왔는데 30여 년 전 그가 30대 중반쯤 되었던 어느 날 그로부터 전화가 왔다.

자기가 중장비 기사가 되어 꽤 큰 건설회사에서 일하고 있는데 내 생각이 나서 전화한다고 하며 언제 한번 만남의 기회가 주어졌으면 좋겠다고 이야기하였다.

나는 그의 전화를 받는 순간 꼴찌이던 Y 군이 어떻게 중장비 기사가 되어 큰 회사에서 일하고 있지? 도무지 믿어지지 않았으며 그를 위하여 내가 최선을 다하여 지도하지 못했던 미안한 마음이 되살아나기도 하였다.

그 꼴찌 Y 군이… 그러나 그의 말은 사실이었고 꼴찌 코흘리개가 중장비 기사로 당당히 사회의 일원으로 살아가고 있는 모습이 대견스럽게 느껴지기까지 하였다. 아마 나에게 조금이나마 고마운 생각과 자신의 보람찬 성장을 보이기 위하여 나에게 소식을 알려왔으리라.

십수 년 전 내가 그의 모교에서 교장으로 근무하던 때 학교로 나를 찾아왔다. 40여 년 만의 만남이었지만 어릴 때의 얼굴 윤곽이 남아있어 곧 그인 줄 알아볼 수 있었으나 꼴찌나 코흘리개의 모습은 어디서도 찾아볼 수 없고 제법 50대의 중후한 맛이 보이고 성실하게 살아온 모습이 역력히 드러나 보였다.

나를 보자 큰절을 올리겠다고 하였으나 한동안 실랑이 끝에 악수로 인사를 나누었는데 제자로서의 예를 갖추려고 하는 모습에서 사회생활에서 상당히 세련된 대인관계를 가지면서 살아왔음도 엿볼 수 있었다.

한참 동안 여러 가지 이야기를 하는 가운데 어떻게 이렇게 성공하였느냐고 묻자 아무래도 학벌이 별로 없어 공직이나 회사에 취업하기는 어려울 것 같아 몸으로 할 수 있는 일을 찾는데 친척이 중장비를 가지고 사업을 하고 있어 그 집에 가 몇 년 동안 심부름을 하면서 틈틈이 기계의 조작을 익히고 면허증을 받기 위해 여러 번 도전 끝에 합격하여 십 칠팔 년간 중장비 기사로 일하였다고 하였다.

마흔두 살 되던 해에 고향에 돌아가 가업을 잇기 위하여 농사를 지으면서 암소 세 마리와 흑염소 다섯 마리로 목축을 시작하였는데 운이 좋아서인지 해마다 수가 늘어나 규모를 더 확장할 필요가 있어 현재의 위치로 옮겨 지금의 목장을 이룩하게 되었다고 이야기하였다.

그러다 보니 인근에 이름이 알려지고 지역축협에서도 이사로 도와줄 것을 제의해와 그 일을 하고 있으며 면내에 사회단체 활동에도 참여하고 있다고 말하면서 이 모든 것이 선생님 가르침 덕분이 아니겠냐고 하였다.

나는 그 말을 들으면서 그를 가르칠 때 최선을 다하지 못했던 것이 다시금 아쉬움으로 다가왔다. 그러나 좋은 제자를 둔 스승의 보람을 느껴보는 순간이 되기도 하였다. 학교에서 우등생이 사회의 열등생이 될 수 있고 열등생이 우등생이 될 수도 있다는 역설적인 말이 현실로 나타난 좋은 본보기인 것 같다.

비록 학창시절에는 별로 두각을 나타내지 못하거나 꼴찌였을지라도 사회에 나와서 목표를 설정하고 꾸준히 노력한다면 얼마든지 자기의 꿈을 이루어 성공적인 삶을 살 수 있다는 것을 웅변적으로 말해주는 것 같다.

꼴찌들이여 힘을 내자, 파이팅!

제 먹을 복은 다 타고나는 법인데

J형은 아홉 살 되던 해 6·25 전쟁 때 아버지를 여의고 여덟 살 위인 누나와 어머니 세 식구가 어렵고 외롭게 사는 가운데 열세 살 되던 해에 누나마저 시집을 가게 되어 어머니와 단둘이서 살게 되었다.

그가 스물두 살 되던 해 겨울에 군 복무를 마치고 공직에 복직하기 위하여 준비하고 있는데 가까운 친척 한 사람이 집에 들러 그의 어머니와 무슨 이야기를 나누더니 그를 불러 "내년이 어머니의 회갑인데 회갑 해에는 집에 사람을 들이지 않는다는데 좋은 규수가 있어 소개하니 다른 곳으로 정하기 전에 한 번 만나보았으면 좋겠다."라고 이야기하였다고 한다.

그가 아직 결혼할 생각을 해보지 않았다고 이야기하자 사람 일은 알 수 없는 것인데 어머니가 60이 넘으셨고(당시에는 수명이 짧아 회갑인 60살까지 사는 사람도 별로 흔하지 않았음) 내년을 넘겨 몇 년 지내다 보면 어머니가 어떻게 될 줄 모르니 알맞은 자리가 나왔을 때 결혼을 하는 것이 좋지 않겠느냐고 적극적으로 권고하였다.

그의 어머니께서도 그렇게 하기를 바라시는 것 같아 가만히 생각해보니 어려운 형편 속에서도 그를 가르치기 위해 온갖 고생을 다 겪으신 어머니를 생각할 때 하루라도 빨리 결혼하여 어머니를 조금이라도 편하게 모시는 것이 자식 된 도리가 아닐까 생각되어 그렇게 하기로 하였다고 한다.

요즈음 같으면 아직 대학교 1, 2학년의 어린 나이이지만 어머니께 효도하는 마음으로 결혼을 하게 되어 그 이듬해인 스물세 살에 큰아들을 낳고 2남 3녀의 5남매를 낳아 결혼한 지 10여 년 만에 8명의 대가족을 이루게 되었다.

그의 말로는 외아들로 태어나 너무나도 외로운 가운데 가족의 따뜻함을 맛보지 못하고 자랐기에 그의 자녀들에게는 외로움을 남기지 않고 서로 사랑하며 정답게 살아가게 하고자 하는 마음에서 그들 부부는 산아제한을 하지 않고 낳다 보니 둘만 낳아 잘 기르자는 시대적 요구에 역행하는 우(?)를 범하고 말았다고 한다.

그 당시에 그와 같은 연령층에 있는 사람들은 대부분이 많아야 3명, 적으면 한두 명의 단출한 가정으로 자녀에 부담 없이 여유롭게 살아가며 자녀에 대한 정서가 네 명을 넘어서면 미개인이나 야만인이라고 부르리만큼 자녀를 많이 두는 것을 큰 부담으로 여겼다.

이러한 사회 풍조에서 5남매나 되는 자녀를 두었으니 미개인 중에서도 미개인으로 치부되어 친구들과의 대화 속에서 자녀의 수에 관한 이야기가 나왔을 때 그가 다섯을 두었다고 하면 모두 걱정스러운 표정들을 짓는 모습들을 볼 수 있었다고 한다.

더구나 인구 억제책을 국가의 중요 시책으로 추진하는 과정에서 대학의 학비 대여도 두 자녀까지만 주고 세금도 세 번째 자녀부터는 부양가족 공제에서 제외하며 그 밖에 모든 국가 사회적인 혜택도 세 자녀부터는 혜택보다는 부담이나 제한이 많았기에 그는 자녀를 많이 둔 것이 큰 죄를 지은 것처럼 느껴질 때가 한두 번이 아니었다고 한다.

이러한 시대적 상황을 갈파하지 못하고 자녀를 다섯이나 두고 양육하는데 고생을 하는 모습을 보고 있노라면 측은한 생각이 들기도 하였다.

사실 그의 가정은 하위직 공무원의 수입으로 어머니를 모시고 5남매를 길러 나가는 일은 그들에게 너무나 버거운 일이었다. 그러나 자녀가 많음을 별로 불평하지는 않았으며 보다 잘 길러 보려는 의욕은 적은 자녀를 둔 부모들에 조금도 뒤지지 않는 것으로 보였으며 자녀들 자랑도 심심찮게 하기도 하였다.

남보다 많은 자녀를 양육하기 위하여 그와 아내가 밤낮을 가리지 않고 애쓰는 모습은 다른 사람들에게 억척스러운 모습으로 비추어지기도 하였다.

다행히 자녀들이 부모들의 마음을 이해하고 비록 남들과 같이 잘 먹이지 못하고 과외나 학원에도 변변히 보내지 못하였지만, 열심히 공부하여 다섯 자녀 모두가 대학교 또는 대학원까지 마칠 수 있었다.

그의 큰아들이 서울에 있는 일류대학에 들어갈 수 있는 수능 성적을 거두었지만, 동생들을 생각하여 대학원을 서울로 보내주기로 약속하고 지방대학의 장학생으로 진학시켰을 때 그의 마음이 무척 아팠다고 한다.

자녀들이 비록 지방에 있는 대학에서 공부하였지만, 모두가 불평하지 않고 탈 없이 자라나 가정을 이루고 사회의 각계에서 열심히 일하는 가운데 각기 아들과 딸들을 갖게 되어 모두 아들 6, 딸 5명으로 11명의 손주를 갖게 되어 23명의 대가족을 이루게 되었다.

그의 어머니께서 "자식들은 다 자기 먹을 복을 타고나는 것이니 걱정하지 말고 하나님께서 주시는 대대 낳아라."라고 하시던 말씀이 늘 생각났으며 어머니께서 90을 훨씬 넘긴 나이까지 장수를 누리시면서 손자들과 증손자를 돌보시면서 노년기를 보내셨다.

회갑 때까지 그와 단 두 식구, 그것도 그가 광주 시내에서 학교에 다닐 때 혼자 쓸쓸히 집을 지키면서 살 때와 비교해보면 얼마나 든든하고 사람 냄새가 나는 삶이었겠는가?

생각할수록 그가 많은 자녀를 낳아서 길렀던 일은 어머니께 큰 기쁨을 드렸을 것으로 생각된다고 늘 이야기하곤 했다.

특별히 큰아들이 행정고등고시에 세 번째 응시하고 발표하던 날 자정 무렵까지 소식이 없자 또 낙방했을 것으로 생각하시고

실의에 빠져 누워 한숨을 짓고 계시던 차에 딱 자정이 되자 큰애로부터 "할머니 저 붙었어요." 하는 전화를 받으시자 덩실덩실 춤을 추시던 모습은 두고두고 잊을 수 없는 행복한 모습 그 자체였다고 말할 때 듣는 이들에게 큰 부러움을 느끼게 해주었다.

돌이켜 보면 총각, 처녀 시절을 제대로 즐겨보지도 못하고 스물두 살, 스무 살의 청년기 초기에 가정을 이루어 남들보다 배나 많은 자녀를 낳아 기르는 과정에서 경제적인 여건 때문에 매우 힘이 들었기에 그들 부부를 위해서는 단돈 얼마도 쓰는 것을 주저하였다.

변변한 밥상이나 여행도 해보지 못하였지만, 자녀들을 양육하며 교육시키는 데에 온갖 노력을 기울임으로 자녀들이 모두가 사회의 일원으로서 열심히 살아가고 있음을 볼 때 그에게는 지난날의 어려움과 고통보다는 많은 자녀를 기르면서 맛보았던 기쁨과 보람의 순간들이 더 많았으리라! 아마도 이러한 헌신적인 삶이 자식을 기르는 부모들만이 맛볼 수 있는 보람이 아닐까 하는 생각이 들었다.

이제 세월의 흐름에 따라 자녀들도 위 아이들은 50대의 나이에, 아래 아이들은 40대 중반에 접어들어 제법 사회에서 중견층으로 활동하고 있으며 손주들도 잘 자라고 있어 자녀들을 많이 두게 해주시고 그들을 통하여 부모로서의 기쁨을 맛보며 살아가게 해주신 하나님께 늘 감사하고 있다고 자랑삼아 이야기하는 것을 볼 수 있다.

그동안 자녀들에 대한 사회의 인식도 크게 변화되어 지난 60년대부터 추진되었던 인구 억제정책이 원인이 되어 고령층의 인구는 증가하나 젊은이들의 수가 부족하여 곳곳에서 문제점이 발생하고 있으며 더구나 젊은이들이 결혼과 출산을 기피하는 현상이 날로 심화되고 있어 앞으로 인구 증가는커녕 인구절벽 내지는 감소마저 크게 우려되고 있어 인구문제가 우리 사회가 시급히 해결하여야 할 가장 큰 과제의 하나로 등장하게 되었다.

실제로 지금까지 증가의 폭은 줄어들어 가고 있었지만, 다소라도 증가를 이어왔는데 재작년 (2020년)에 사상 처음으로 2만여 명이나 감소한 데 이어 작년(2021년)에도 3만여 명이나 줄어들었으며 최근 통계청의 발표에 의하면 해를 거듭할수록 감소폭이 커져 앞으로 2070년에 이르면 2000만 명 가까이 줄어들어 총인구가 3700만까지 대폭 줄어들 것이라는 어두운 전망은 너무나 충격적인 일이 아닐 수 없다.

이것이 다만 일시적인 현상이기를 바라지만 만일 이대로 나아간다면 해를 거듭할수록 감소의 폭이 커져 먼 훗날에는 민족의 존립마저 위협받는 상황에 처할 수도 있음을 생각할 때 이 문제를 해결하기 위한 특단의 대책을 수립하여 실천해 나가야 할 것 같다.

지난날을 돌이켜보면 가족계획이란 이름 아래 "아들딸 구별말고 둘만 낳아 잘 기르자." 나아가서 남아선호사상을 다산의 주원인으로 보고 이를 불식하고자 "잘 키운 딸 하나 열 아들 부럽지 않다."라는 등의 슬로건을 내걸고 인구의 증가를 '핵폭발보다 더 무서운 인구폭발'로 내세우고 마치 머지않아 나라에 큰 재앙을 가져올 것처럼 주장하며 가정들을 향하여도 '덮어놓고 낳다 보면 거지꼴을 못 면한다.' '서른 넘어 배가 부르면 꼴불견.' 등등 별의별 부정적이고 위협적인 구호와 현수막을 내걸고 산아제한을 강력히 추진하며 심지어 예비군 훈련을 받을 때 정관수술을 받으면 그 기간의 훈련을 면제해주면서까지 산아제한에 열을 올리더니만, 가족계획보다는 산아제한만을 강조하는 인구정책이었던 것 같다.

오늘날 국제사회에서도 과거에 인구가 많아 후진국의 상태를 벗어나지 못하여 별다른 관심을 받지 못했던 중국이나 인도, 브라질, 인도네시아 같은 나라들이 비록 부의 척도인 GNP는 낮으나 인구 강국으로 부상되어 국제적 위상이 높아지고 있으며 특별히 인구 억제책을 가장 강력히 추진했던 중국까지도 출산장려책으로 전환한 것을 비롯하여 여러 나라에 인구의 증가에 안간힘을 쓰고 있는 모습에서 인구의 증가가 얼마나 중요한 일인가를 실증적으로 말해주고 있는 것 같다.

이제 우리나라도 세계 최저의 저 출산율 시대를 하루빨리 마감하고 젊은이들이 더 일찍 결혼하여 안심하고 자녀들을 낳아 기를 수 있는 여건을 마련하는 데 적극적으로 힘써 저 외딴 섬마을에서부터 도회지의 아파트 숲에 이르기까지 어린아이들의 웃음소리가 힘차게 울려 퍼지는 날이 빨리 왔으면 하는 마음 간절하다.

모깃불을 피워 놓고

1960년대 후반까지도 농어촌에는 전기가 들어오지 않은 곳이 많이 있었다. 일반 가정에는 물론 학교에도 전기가 들어오지 않아 어떤 행사가 있을 때도 소형 발전기를 빌려다 돌려 확성기라든지 전력 소모가 작은 용도에 쓰곤 하였다. 교실에도 전기 시설 자체가 없었기 때문에 밤에는 교실에서 활동할 수가 없었다.

그러기에 중학교 입시지도를 하면서도 도시지역에 있는 학교에서는 밤에도 전등불을 환하게 밝힌 가운데 밤늦게까지 공부를 할 수 있었으나 전기 시설이 없는 학교에서는 야간 입시지도를 하고 싶어도 불가능한 일이었다.

시골에 있는 학교는 여러 가지 교육 여건이 열악하여 도시학교와 경쟁이 어려운 상황에서 입시지도의 시간마저 태부족한 처지에 있기에 아예 경쟁 상대가 되지 못한 어려운 상황에 놓여 있었다.

당시 중학교 입시제도는 학교별로 경쟁시험을 거쳐 모집하는데 우리 고장에서는 광주서중학교에 얼마나 많은 합격자를 내느냐가 학교의 명예와 직결되어 있기에 모든 학교가 이 학교에 한 명이라도 더 합격을 시키고자 전력을 다하고 있었다.

내가 근무하던 학교에서도 입시지도를 하고 있었지만, 학급 아이들의 중학교 진학 희망자가 절반을 약간 웃돌 정도밖에 되지 않아 학습 분위기 자체가 입시지도에 전념할 수 없는 상황이기 때문에 교사들의 어려움이 가중되는 상태에 있었다.

더구나 야간에는 전기가 들어오지 않고 통학 거리가 먼 아이들이 많아 해가 지기 전에 하교를 시켜야 하기 때문에 실질적인 지도 시간은 얼마 되지 않았다.

이러한 어려움을 극복하기 위하여 밤에는 성적이 좋은 아이들을 대여섯 명씩 뽑아 담임교사의 집에서 밤늦도록 지도하고 아이들을 집에 데려다주고 잠을 자리만큼 열성적인 지도를 하였다.

6학년 3개 반의 담임교사 중 두 사람은 객지 사람으로 하숙이나 자취를 하고 있기에 아이들을 밥을 해 먹일 수 없어 아이들이 숙식을 각자의 집에서 해결해야 했지만, K 교사는 고향 출신 교사로서 자기 집에서 아이들과 같이 생활하며 지도에 전력을 다하였다.

마침 나와 이웃 마을에서 살고 있으며 친구로 허물없이 지내고 있는 처지이기에 위로 겸 틈나는 대로 아이들을 지도하고 있는 모습을 살펴보며 K 교사가 피치 못할 형편으로 지도를 할 수 없을 때는 내가 대신 지도를 해주기도 하였다.

날씨가 덥지 않을 때는 자기 집 건넌방에서 지도하고 있었으나 여름에는 너무 더워 지도가 거의 불가능하였다.

이웃집의 널찍한 마루가 있는 방을 빌려 석유램프 불을 켜놓고 지도를 하고 있었는데 탁 트인 공간이기 때문에 시원하기는 하지만 바로 대밭 밑에 있어 다른 집보다 모기가 많아 공부에 지장이 많았다.

그 시절만 하여도 더위를 식힐 수 있는 도구가 거의 없고 시골에서는 오직 부채, 그것도 바람은 잘 일어나지 않고 무겁기만 한 죽석 부채로 땀을 식히는 정도인 처지였기에 오늘날 고급 부채, 선풍기, 에어컨 등 냉방시설이 잘 갖추어져 한여름에도 더위를 모르고 지내는 세대들에게는 별로 와 닿지 않는 이야기일 것 같다.

교실에도 냉난방 시설이 전혀 갖추어지지 않아 여름에는 찜통더위, 겨울에는 혹독한 추위를 견뎌내며 6, 70명에 이르는 많은 학생이 몸 돌릴 틈새조차 없이 빽빽이 앉아 공부하다 보니 그 어려움은 말로 표현하기가 어려울 정도였다.

여름날 밤이면 극성맞은 모기에 시달려야 하니 하룻밤씩 지내는데 불편함이 이만저만이 아니었으며 어린애를 기르는 집에서는 할머니나 어머니가 부채질을 계속하여 아기가 모기에 물리지 않도록 애썼으며 그 주변에 모깃불을 피우는 일이 필수적이었다.

모깃불은 연기를 내서 모기를 쫓아내기 때문에 불꽃을 튀면서 타버리는 마른 땔감은 연기가 나지 않기 때문에 별로 효과가 없고 잘 마르지 않아 겨우 타면서 연기를 많이 내야 하므로 약간 덜 마른 풀이 알맞았다.

모깃불 땔감은 부모들이 돌려가면서 한 짐씩 준비하여 썼기 때문에 별다른 어려움 없이 피울 수 있었다.

K 교사는 연기가 아이들 쪽으로 고르게 퍼져 모기가 접근하지 못하도록 부채로 이리저리 부치며 아이들이 행여라도 모기에 물릴까 봐 신경을 쓰면서 아이들을 보살피며 지도하는데 정성을 다하였다.

아이들에게 과외비용이나 수당을 받지 않고 자기들의 식량만 가지고 와서 숙식을 같이하는 생활이었으니 가족들의 불편이 얼마나 컸겠는가마는 오직 아이들을 원하는 학교에 합격시키고자 하는 일념에서 어려움을 참아가며 정성을 다하여 지도하고 있는 모습은 사랑과 성실과 근면이 몸에 밴 교사상의 참모습이었다.

별다른 학습지가 없는 상황에서 자신이 문제를 출제하여 철판에 써서 등사하여 사용하는 등 참으로 어려운 가운데 최선을 다하여 지도함으로써 그해에 그렇게 소망하던 광주서중학교에 합격생을 내는 것을 비롯하여 여러 아이를 원하는 학교에 진학시킴으로 학교의 명예를 크게 높였다.

그 후에도 고향 학교를 떠날 때까지 6학년을 맡아 해마다 좋은 열매를 거두어 학교의 명예를 빛내고 좋은 제자들을 길러내는데 남다른 노력을 기울였다.

이처럼 어려운 여건을 극복해 가면서 열성적으로 아이들을 지도하였기에 K 교사는 모범교사로서 인정받고 존경받으며 교직 생활을 성공적으로 마무리한 참으로 자랑스러운 교육자였다.

50여 년이 지난 요즈음에도 그때의 제자들이 고마움을 잊지 못하여 간혹 소식을 전하며 때로는 직접 찾아와 감사의 정을 나누고 있는 모습에서 사제 간의 진하고 따뜻한 사랑을 느껴보게 한다.

땡볕이 내리쬐는 여름날 냉방시설이 잘된 사무실에서 정장 차림으로 근무하고 있는 직장인들의 모습과 넓고 쾌적한 교실에서 2, 30명밖에 안 되는 아이들이 더위나 추위를 별로 느끼지 않으면서 공부하고 있는 모습을 볼 때면 70명도 넘는 아이들이 비좁은 교실에서 낮이면 더위를 이겨내고자 윗옷을 집어 던지고 메리야스 바람으로 공부를 하여도 이마에 땀이 송골송골 맺히고, 밤이면 뽀얀 연기를 뿜어내며 타들어 가던 모깃불로 모기와 싸우며 땀 흘려 공부하던 모습은 면학의 열기가 후끈하게 달아오르는 모습이었다.

황토 지우개

내가 초등학교에 다닐 때인 1950년대 초반에는 나라의 살림이 매우 어렵고 국민소득이라는 말이 경제학자들에게나 쓰이는 생소한 경제용어이리만큼 우리나라는 국민소득을 딱히 얼마라고 말할 수조차 없을 정도로 세계 최빈국에 속하였다.

나라의 형편이 이렇다 보니 교육 여건 또한 열악하기 그지없었다. 교실에는 검은색 칠판과 두 사람이 나란히 앉을 수 있는 책걸상이 시설 전부였다.

학습 용구도 태부족하여 교과서는 각 교과에 100여 쪽에 불과한 책 한 권이 전부였으며 학용품은 연필 한두 자루, 여유가 있는 가정의 아이들은 교과별로 공책 한 권씩 정도 마련해서 다녔으나 가난한 자녀들은 교과를 가리지 않고 기록할 수 있는 종합장(?) 한두 권이 전부였다.

연필 깎을 칼을 가지고 다니는 아이들도 몇 명 되지 않아 쉬는 시간이면 남의 칼을 빌려 여기저기서 연필을 깎는 모습들을 볼 수 있었으며 미술 시간에 쓰는 물감도 팔레트에 색깔별로 조금씩 담아놓은 것을 사용하였기 때문에 몇 번 사용하고 나면 굳어져 쓸 수 없을 뿐만 아니라 색을 섞어 쓰기도 여간 불편하지 않았다.

책이나 학용품을 담아서 다닐 가방이 없어 모든 아이가 책보자기로 책과 학용품을 싸서 네 귀를 접어 묶어 들고 다니거나 저학년의 경우 책보에 말아서 허리춤에 묶거나 목과 어깨 사이로 비스듬히 묶고 뛰어다니던 모습은 지금 생각해보아도 절로 웃음을 자아내게 한다.

특별히 지우개가 있기는 하였지만 사서 쓰기가 어려워 아이들 대부분이 글씨를 쓰다가 잘 못써 지우려고 할 때, 틀린 부분을 손가락에 침을 묻혀 문질러 버리거나 연필로 죽죽 그어 잘 못 쓰인 것임을 알 수 있도록 하였으나 이는 공책에 흠집이 생겨 보기에도 좋지 않을 뿐 아니라 공책으로 공부할 때 거부감을 일으키기도 하였다.

공책에 글씨를 쓸 때 필수적으로 사용되는 지우개를 자유롭게 사용할 수 없으니 어쩔 수 없는 일이었다.

나도 이러한 불편을 겪고 있는 가운데 어느 날 동급생인 N 군의 집에서 놀고 있는데 6학년인 그의 형이 하얀 접시에 물에 적신 황토 덩어리를 가지고 와서 손으로 여러 번 주물러 마치 메주를 빚듯이 조그맣게 네모 모양으로 세 개를 만들더니 어느 정도 마르자 호롱 세 개에 각각 하나씩 석유 기름 속에 담가두고 뚜껑을 덮었다.

내가 “무얼 만들려고 그렇게 하냐.”라고 물었더니 지우개를 만든다고 하였다. 황토를 이겨 석유 속에 한 달 정도 담가두면 지우개가 된다고 하였다.

나는 신기하게 느껴져 나에게도 하나 줄 것을 부탁하였더니 “그렇지 않아도 네 몫으로 하나 만들었으니 다 만들어지면 주겠다.”라고 하였다.

한 달쯤 지나자 그의 동생을 통하여 나에게 하나를 보내주었다. 석유 냄새가 물씬 풍기며 제법 지우개처럼 보였다.

그것을 가지고 연필로 쓴 글씨를 지워보았다. 글씨가 완전히 지워지지는 않으나 검은색은 말끔히 지워져 침으로 문지르거나 연필심으로 그어버리는 것보다는 훨씬 낫고 지운 곳에 글씨를 쓰면 새로운 글씨로 덮여 자세히 들여다보지 않으면 지운 자국을 잘 알아볼 수 없으리만큼 지우개의 기능을 잘 해냈다.

그러나 황토 지우개는 고무 지우개와는 달리 지우개가 닳아지면서 지우는 것이 아니라 지우개 자체는 잘 닳아지지 않으면서 공책을 문지르므로 연필 자국이 지워지면서 공책을 손상하기 때문에 지운 부분이 얇아져 조금 많이 문지르면 구멍이 뚫려 그 부분의 공책의 뒷면을 쓸 수 없는 약점을 지니고 있어 함부로 쓸 수 있는 지우개가 되지는 못하였다.

그렇지만 지우개를 자유롭게 사서 쓸 수 없었던 우리에게 이 황토 지우개가 지우개로서 큰 몫을 담당해주었다.

교과서가 쉽게 낡아지지 않도록 책 가위를 입혀 사용하며 학용품들도 부족하다 보니 공책을 함부로 찢거나 훼손하지 않기 위하여 쪽수를 메기는가 하면 연필은 몽당연필이 되면 대용 연필 자루를 만들어 연필을 끼워 씀으로 더 이상 깎을 수 없을 때까지 쓰고 지우개도 되도록 덜 닳아지도록 슬슬 문질러 썼던 일이 기억에 생생하다.

학용품을 아껴 쓰는 것이 학생들에게 절약의 대표적인 덕목으로 자리 잡고 있었기에 1년에 적어도 몇 주간은 '학용품을 아껴 쓰자.'라는 내용의 주생활 목표를 정하여 실천하기도 하였다.

하얀 종이라도 보면 공책 크기로 잘라 이를 매어 글씨를 썼던 일, 연필 한 자루를 상품으로 받고 뛸 듯이 기뻐했던 일, 때때로 학용품 검사를 시행하여 절약지도를 했던 지난날을 돌이켜 보면 질 좋은 학용품을 낭비하다시피 넉넉하게 쓰고 있는 오늘의 현실, 그리고 컴퓨터나 첨단 기기들의 등장으로 아예 학용품을 거의 사용하지 않는 경우도 많으며 일기나 편지마저 종이와 연필 대신에 컴퓨터로 처리해 가고 있는 모습에서 커다란 격세지감을 느껴보게 된다.

60리 통학 길

지금은 시골에도 중학교가 가까이 있고 교통수단이 발달하여 통학하는데, 별다른 어려움이 없으나 1950년대까지만 해도 군청소재지 정도에나 중학교가 있고 면 단위에는 거의 없어 통학거리가 멀고 교통도 불편하였다.

내가 살았던 광산군은 대도시인 광주의 인접 지역이지만 10개 읍면 중 송정읍에 남자 중학교 둘 여자 중학교 하나, 임곡면에 남녀공학 하나뿐이었다.

이렇다 보니 중학교가 없는 지역에 사는 학생들은 광주 시내에 있는 학교에 진학한 학생들을 제외하고는 가깝게는 10여 리 멀게는 2, 30리 정도를 대부분이 걸어서 통학하는데 이를 왕복하면 날마다 60리 길을 통학하는 학생들도 있었다.

그 당시에는 교통수단이 열악하여 시내버스는 물론 정기 시외버스도 별로 없어 모든 학생이 걸어서 학교에 다녔으며 어쩌다 한두 사람 정도 자전거로 다니기도 하였다. 내가 다녔던 통학 길에는 광주에서 영광이나 함평을 오가는 시외버스가 있기는 하지만 하루에 서너 번 그것도 사람들이 활발하게 왕래하는 오전 9시부터 오후 서너 시까지만 운행하고 있어 학생들이 통학을 위하여 이용하는 데는 조금도 보탬이 되지 않았다.

간혹 송정리 장날 같은 날에는 군용 스리쿼터(열댓 명 정도 서서 탈 수 있음)가 장을 마치고 돌아가는 사람들을 수송하기 위하여 대중교통 수단으로 오후 시간에 몇 번 운행되기는 하였으나 이것도 통학생들에게는 별다른 도움이 되지 못하였다. 버스를 비롯한 자동차 자체가 귀하였을 뿐 아니라 도로도 포장된 곳이 거의 없고 노면이 울퉁불퉁하여 시속 40Km로 달리면 매우 빨리 달리는 편이었으며 대부분 2, 30Km로 달릴 수밖에 없었으며 승용차나 택시는 전혀 구경할 수가 없었다.

날마다 머나먼 거리를 걸어 다니는 가운데 본량, 삼도, 임곡면의 접합점이자 학교에서 7Km 정도 거리에 있는 송산교에서 만나게 되는 학생들이 줄잡아 70여 명이나 되었으며 그 가운데에는 읍내에 있는 유일한 남자 고등학교인 정광고등학교에 다니는 고등학생도 10여 명 있었다.

모두가 한꺼번에 만나 같이 가지는 않지만, 송산교쯤에 이르면 임곡 쪽에서 산모퉁이를 돌아서 오는 학생들, 오른쪽 삼도 쪽에서 다리 위를 걸어서 오는 학생들, 본량 쪽에서 황룡강 보를 건너서 오는 학생들이 반갑게 만나게 된다.

거의 매일 만나는 사람들이지만 무슨 할 이야기가 그리 많은지 한시도 입을 그대로 두지 않고 큰소리들로 이야기를 주고받다 보면 어느새 학교에 도착하게 되어 머나먼 30리 길도 별다른 지루함을 느끼지 않고 다녔다.

좁다란 1차선의 자갈 깔린 도로에 돌부리가 늘 발끝에 채였으며 어쩌다 자동차라도 지나갈 때면 마치 포탄이 떨어지는 것처럼 먼지가 부옇게 일어나 가라앉을 때까지 한쪽에 비켜서서 눈을 감고 숨을 멈추고 있다가 질주하는 자동차 쪽을 향하여 퉤퉤 침을 뱉기도 하였다. 만일 머리에 기름을 바른 사람들이 이 먼지를 만나게 되면 머리칼에 먼지가 수북이 묻어 빗으로 빗으면 먼지 때문에 빡빡하여 빗어지지 않을 정도로 먼지가 붙어 숫제 머리 색이 흙색으로 변해버릴 정도로 피해가 심하였다.

이렇게 먼 거리를 통학하는 데에는 어려운 일도 뒤따르게 마련이었다. 우선 비나 눈이 오는 날이 너무 어려웠다. 우산이나 비옷 장화 등 비를 가릴 수 있는 장비가 별로 없고 겨우 창호지에 들기름 바른 대나무 살 우산을 쓰고 가다 보면 무겁기도 하려니와 바람이라도 불면 뒤집히기 일쑤여서 말만 우산을 썼지 학교에 도착하고 보면 온몸이 빗물에 젖어 옷을 짜서 입어야 할 정도로 흥건히 젖곤 하였다.

겨울철이면 학교에 갈 때는 바람을 등지고 가기 때문에 그래도 괜찮은 편이나 하굣길에는 북풍을 맞으면서 와야 하기에 차고 매서운 칼바람이 뼛속까지 스며드는 듯한 추위를 느끼게 되었다. 눈이 많이 오는 날에는 온몸에 눈을 맞아야 하고 진눈깨비라도 내리는 날에는 옷이 온통 젖어 추워서 견딜 수가 없으리만큼 고통스러운 일이었다. 특별히 큰 비가 오면 황룡강 보가 범람하여 강둑을 넘어 들판까지 물이 차올라 본량에 사는 학생들은 통학 길이 막혀버려 물이 빠지기까지 한 이틀씩 학교에 가지 못했던 일도 해마다 연례행사처럼 겪는 일이었다.

이러한 자연적인 여건뿐만 아니라 통학 길에 지나게 되는 마을 사람들의 괴롭힘 또한 견디기 어려웠다. 평상시에도 혼자나 두세 명이 지날 때면 마을의 아이들이 학생들에게 시비를 걸어와 약간 꾸짖어 보내면 마을의 청년들이 나와 학생들을 세워 놓고 아이들에게 폭력을 썼다는 구실을 붙여 주먹질하는 등 괴롭히는 경우가 많았다. 설이나 추석 명절 때에는 금품을 빼앗아 가는 등 마을 앞을 지나가기가 두려울 정도로 심한 괴롭힘을 당하였다. 그러기에 학생들은 명절 무렵에는 거의 돈을 가지고 다니지 않게 되었으며 되도록 여러 명이 모여서 다니기도 하였다. 만일 혼자 가게 되면 불안감에 휩싸인 길이 될 수밖에 없었다.

이런 어려운 가운데에서도 통학 길에는 즐거움도 많았다. 비록 원거리 통학에 고달픔과 공부할 시간이 없어 불편하기도 하였지만, 친구들과 날마다 같이 길을 걸으며 고락을 함께하니 우정이 두터워지고 한 사람이라도 며칠 동안 보이지 않으면 걱정하며 찾아가 보기도 하여 서로가 서로를 챙기는 일을 게을리하지 않았다.

하굣길에는 함께 강물에 뛰어들어 헤엄도 쳐보고 마을 앞 구멍가게를 지날 때면 누군가가 과자를 사서 나누어 먹기도 하며 어떤 일에 우김질하다가 '내기'로 바뀌어 누가 이길 것인가 관심을 가지고 지켜보았던 일도 많았다. 아버지 주먹만 한 갱엿 한

덩어리를 손대지 않고 먹기, 광골 모퉁이 위에 올라가 강물로 다이빙하기, 황룡강 보에서 고무공 던져놓고 잡아 오기 등 무엇이든지 모험적인 일을 내걸고 내기를 했던 일들이 늘 생각난다.

그리고 아름다운 추억도 늘 떠오른다. 고등학생으로서 중학생인 우리를 보호하며 통학단장이라고 불리던 Y 선배, 마을 사람들이 학생들을 괴롭힌다는 말을 듣고 그런 나쁜 일을 하지 않도록 마을 사람들을 설득하는데 힘쓰던 통학로에 있는 서봉마을에 사는 C 선배의 모습도 늘 그려진다.

두 명의 불량배가 우리 앞에 나타나 주먹을 휘두르려고 하자 불안에 떨고 있는 우리를 뒤로하고 그들 앞에 나아가 괴롭히지 말 것을 호소하며 우리를 대신하여 얻어맞으면서까지 선배 노릇을 해내던 K 선배의 당당하고 의젓한 모습은 지금까지도 따뜻한 모습으로 다가온다. 60리 통학 길! 열 서너 살의 어린 나이에 새벽잠을 설치면서도 자랑스러운 교복을 입고 걸어갔던 30리 길, 땅 어둠이 깔릴 때야 집에 돌아와 '후유' 하고 안도의 숨을 몰아쉬었던 돌아오는 30리 길, 중간고사나 기말고사를 앞두고는 평상시보다 훨씬 일찍 집을 나서 천천히 걸으면서 책이나 공책을 외우며 걸어갔던 공부길…….

결코 쉬운 일은 아니었지만 우리들 누구도 별다른 불평 없이 반가운 만남으로 함께 힘차게 걸었기에 어려운 가운데에서도 모두들 열심히 공부하며 꿈을 키워나갔던 정다운 만남의 길, 기쁨의 길, 그리고 희망에 찬 통학 길이었다.

메아리가 사는 산

'산에 사는 메아리, 발가벗은 우리 산엔 살 수 없어 갔다오 ~ 메아리가 살게 시리 나무를 심자' 초등학교 음악 교과서에 실려 있어 아이들이 즐겨 부르던 동요였다.

산에 나무가 없어 메아리 소리마저 들을 수 없다는 말이니 당시 우리나라 산의 모습을 비유적으로 잘 말해주고 있는 동요가 아닌가 생각된다.

1960년대까지는 우리나라의 산들은 깊은 산중을 제외하고는 거의 나무를 찾아보기 힘든 민둥산이었다. 이는 당시에 모든 연료를 나무에 의존하였고 가정에서 밥을 지어 먹는다든지 난방에도 나무를 주로 썼기 때문에 땔감으로 쓸 나무는 식량과 더불어 살림의 가장 필수적인 요소였다.

시골에서는 거의 모든 가정이, 도시에서도 넉넉하지 못한 집에서는 나무를 연료로 사용하였기 때문에 산에서 나무를 베거나 낙엽을 긁어다가 연료로 사용하였으며 나무장사를 생업으로 하는 사람들도 많아 중소 도시에는 5일 장날에, 큰 도시에서는 나무전이 상설되어 있으리만큼 땔감 나무들이 활발히 사고 팔렸으니 산들이 날로 헐벗어 갈 수밖에 없었다.

나라에서는 산림을 보호하기 위하여 산감(산림 감시원)을 두고 지키기도 하였으나 땔감 자체가 생활의 기본적인 수단인 처지에서 만일 땔감이 없으면 당장 밥을 지어 먹지 못하고 아궁이에 불을 지피지 못해 고통을 당하고 있는 딱한 형편을 감안한다면 어떻게 강력히 규제만 할 수 있었겠는가?

그러기에 산림의 보호 차원에서는 낙엽도 함부로 손을 대서는 안 될 일이지만 갈퀴나무(소나무 등의 낙엽)나 일년초, 고사목, 베어진 나무의 뿌리 등의 채취는 묵인되고 있었다. 채취가 금지되어있는 나뭇가지 등을 베어 가는 행위를 했을지라도 비교적 너그럽게 처리할 수밖에 없었다.

산들이 발가벗다 보니 큰비가 내리면 산사태가 나 흙더미가 논밭을 덮쳐버린다든지 논 밭둑이나 길이 무너져 버리는 일들이 많아 이를 예방하고자 봄철이 되면 사방공사를 대대적으로 실시하였다.

'치산치수'가 국가적 당면과제였기에 나라에서는 '청산 밑에 쌀이 나고 적산 아래 홍수난다.' 는 등의 산림녹화를 위한 플래카드나 표어를 전국 곳곳에 내걸고 푸른 산을 만들기 위하여 적극적인 노력을 기울였다.

산에 나무를 심어 자라게 하는 일이 너무나 시급한 일이다 보니 빨리 자랄 수 있는 나무를 개발하는가 하면 땅에 밀착력이 강한 풀 종류도 개발하여 심었다.

대부분 나무나 풀이 잘 자라 산을 푸르게 하는데 큰 몫을 하였으나 워낙 급하게 서두른 관계로 인기리에 심었던 속성수 중에서 어떤 것은 6, 70년이 지난 오늘날에도 키만 우뚝하게 자라고 몸집은 빼빼한 몰골로 앙상하게 서 있는 모습을 볼 때면 좀 더 깊이 연구하여 현장에 적용하였더라면 저런 일은 없었을 텐데 하는 아쉬운 생각이 들기도 하였다.

산을 가꾸기 위하여 해마다 식목일 무렵에 산과 마을에 나무를 심는가 하면 어떤 해에는 각 가정에서 적게는 3일 많게는 일주일 정도 사방공사에 참여하여 나무를 심거나 홍수를 예방하기 위한 일을 하였다.

노력 봉사로 하게 되는데 가정에 장정이 없는 경우에는 아녀자들이 참여하여 마을 사람들이 힘을 모아 일을 했었다. 나도 열서너 살의 어린 나이였지만 학교에 가지 않는 날에는 어머니를 대신하여 몇 번 참여해 보았다.

마을 사람들이 나무를 심으면서 자신들이 산을 함부로 다뤘던 것을 뉘우치면서 앞으로는 나무를 벤다든지 하는 일은 하지 말자고 이야기하며 우리 마을 뒷산이 우리 고장에서 가장 잘 우거진 산으로 만들자고 다짐하는 모습들이 무척 아름답게 느껴졌다.

새참 때 면사무소에서 나온 아저씨가 막걸리를 내놓아 어른들이 즐겁게 마시는 모습과 입에 넣고 오래 빨아먹으면서 일하라고 나누어 주던 오다마(큰 구슬같이 생긴 사탕) 달콤한 맛, 그리고 땀 흘려 일한 뒤에 먹는 도시락…… 지금도 간혹 생각이나 빙긋이 웃어보게 된다.

나라에서도 땔감을 개발하는데, 힘써 가정용 구공탄이 생산되고 관공서 난로용 조개탄이 보급되면서 나무 땔감의 수요가 많이 줄어들기 시작하였다.

난방을 위한 석탄류의 땔감이 활발하게 개발, 생산되고 석유가 연료로 본격적으로 쓰이면서부터 농촌에서도 굴뚝에서 연기 나는 집이 없어졌으며 전기, 가스 시대에 접어들면서 나무 땔감은 거의 자취를 감추게 되었다.

참으로 옛날에 숲이 우거진 산을 찾아보기가 어려웠고 산들이 발갛게 속살을 드러내고 있는 모습에서 메아리가 살 수 없을 것으로 여겨졌던 우리 산이 이렇게 푸른 산으로 변화되어 아름다움과 싱그러움을 자랑하고 있는 모습은 정녕 '청산 밑에 쌀이 난다.'라는 말이 씨가 되어 우리나라가 그 지긋지긋한 가난을 물리치고 '세계 속의 한국'으로 도약하는데, 큰 힘이 되었지 않았을까?

십 오륙 년 전에 금강산을 다녀오는 기회가 있어 육로로 가는데 휴전선을 넘어서자 금강산에 이르기까지 이렇다 할 나무 한 그루 보이지 않는 민둥산들의 모습이 먼저 눈에 들어왔다.

허술하기 짝이 없어 빈집인 줄 알았던 집에서도 석양이 되자 굴뚝에서 연기가 나고 있는 모습은 영락없이 5, 60년대 나무로 아궁이를 지피고 있는 우리의 모습과 흡사하였다.

북한 땅도 좋은 지도자를 만나 전쟁 준비보다 백성들의 살림살이를 위하여 연료를 개발하고 미사일이나 핵무기를 개발하기보다 전력생산에 원자력을 이용하는데 힘쓰는 한편 '사방공사'를 먼저 하였더라면 저렇게 보기에도 딱한 민둥산이 남아 있지 않았을 텐데, 그리고 백성들의 살림이 이렇게까지 어렵게 되지는 않았을 텐데…… 참으로 측은한 모습이었다.

돌이켜 보면 민둥산을 없애기 위하여 사람들이 힘을 모아 사방공사를 했던 일이 그때에는 힘들고 약간은 불평스러운 일이기도 하였다.

그러나 서로 협력하여 국가적 당면과제였던 푸른 산 만들기에 힘을 모았던 결과 우리 산들이 우거진 산들로 변화되어 산을 바라볼 때마다 마음이 넉넉해지고 바야흐로 세계적으로 일어나고 있는 녹색혁명의 기반을 닦아가는 데에도 크게 이바지할 것으로 여겨진다.

이제는 '메아리가 살 수 없어~' 동요의 가사도 '메아리가 즐겨 찾는~' 가사로 바꾸어 불러야 할 것 같다.

며느리의 솜씨, 그 여한

1960년대 무렵까지만 해도 처녀들이 시집가기 전에 음식 조리법과 가족들의 의복을 관리하는 길쌈이 반드시 익혀두어야 할 필수적인 기능이었다.

시집온 며느리의 솜씨를 말할 때 음식 솜씨와 길쌈 솜씨를 말하게 되는데 이 두 가지 중 어느 한 가지라도 서툴면 솜씨가 없는 며느리로 평가받았다.

그러기에 솜씨가 없는 며느리들은 "친정에서 무엇 했기에 그런 것도 배우지 않고 시집왔느냐?"는 핀잔을 받게 마련이었으며 시어머니나 다른 사람을 통하여 부족한 기능을 배우느라 여간 고생하지 않았다.

다행히 고부간의 관계가 좋은 경우에는 시어머니로부터 차분하게 배워가거나 아예 기능의 습득이 어려운 경우에는 시어머니가 그 부분의 일을 맡아 하기도 하였다.

까다로운 시어머니 아래서 시집살이를 하는 경우에는 음식은 끼니마다, 옷가지는 식구들이 옷을 새로 해 입거나 갈아입을 때마다 핍박을 받았으니 얼마나 고통스럽고 두렵고 무서운 일상이었겠는가?

옛날에는 거의 모든 음식을 자기 집에서 마련하여 먹고 살았기 때문에 시어머니나 며느리의 요리 솜씨가 좋은 집은 식구들이 음식을 맛있게 먹고 밝게 살아갈 수 있었다.

그러나 솜씨가 별로 없는 경우에는 끼니마다 식구들이 젓가락을 들고 집기를 망설이는 모습에서부터 몇 숟갈 끼적거리다가 일어서 버리는 시아버지의 모습을 바라보는 며느리의 마음은 불안과 미안함이 교차할 수밖에 없었다.

더구나 식구들이 미처 수저를 들기도 전에 밥상을 내려다보며 “무엇 찍어 넣을 것이 있어야 밥을 먹지, 이게 무슨 밥상이냐?”고 미리 역정부터 내는 시어머니의 한 마디, 그렇지 않아도 밥상 때문에 식구들의 표정을 살피고 있는 며느리에게 엄청난 스트레스를 일으키게 하는 일이기도 하였다.

당시에는 가마솥에 나무로 불을 지펴 밥을 짓기 때문에 물의 양과 불의 강약을 잘 조절하지 않으면 맛있는 밥을 지을 수 없었으며 평상시에 밥을 잘 짓던 사람도 까닥 잘못하면 선밥(서투르게 된 밥)을 하고 마는 경우가 허다하였다.

특별히 쌀이 요즘같이 돌이 걸러진 쌀이 아니고 돌이 섞여 있는 쌀이기에 밥을 지을 때마다 조리로 쌀을 이뤄내야 하는데 잘못하여 돌이 쌀 속에 남아 있기라도 하여 누군가 밥을 먹으면서 파삭 돌을 깨물기라도 하면 며느리는 민망하여 어쩔 줄을 몰라라 하던 일이 늘 있는 일이었다.

이처럼 밥을 짓는 일도 어려우려니와 반찬을 만드는 일은 더욱 어려운 일이었다.

음식의 재료라야 몇 가지 푸성귀에 불과하고 어쩌다가 색다른 것을 제외하고는 소금, 고춧가루, 마늘, 깨가 전부라고 할 수 있는 양념에 조미료나 향신료가 거의 없는 처지에서 음식을 맛깔스럽게 만드는 일은 너무나 어려웠다.

그러기에 식구가 많은 집에서는 하루 세끼 밥상을 마련하느라 아낙네들은 새벽 일찍 일어나 아침 밥상을 준비하고 오전에는 점심 준비에, 석양에는 저녁 준비에 힘쓰다 보면 날마다 일과가 거의 밥상을 차리는데, 소모하리만큼 많은 시간을 밥을 짓고 음식을 마련하는데 들였다.

식사가 끝나고 설거지를 마친 후에는 어느 정도는 쉬어야 피로가 해소되고 마음의 여유도 갖게 될 텐데 또 여자들이 담당하여야 할 길쌈과 빨래가 기다리고 있으니 쉴 틈이 전혀 없었다.

대부분 가정이 식구가 보통 예닐곱 명, 많은 가정은 여남은 명에 이르러 식구들의 빨래와 옷이나 양말의 수선하는 일이 매우 힘들고 시간이 오래 걸리는 일이었다.

옷감 자체가 무명이나 삼베 등 천연 섬유여서 때를 잘 흡수하고 색깔 또한 하얀색 계통이 많아 하루 정도만 입어도 때가 많이 낀 모습으로 보여 외출복은 거의 날마다 빨거나 적어도 이틀 거름으로 빨아 입어야 때깔을 유지할 수 있었다.

요즈음에는 세제가 좋아 때가 쉽게 잘 빠지지만, 세제가 별로 없어 기껏해야 양잿물(가성소다)을 넣고 삶아 방망이질을 해가며 빨아도 좀처럼 하얗게 빨아지지 않아 애를 먹었으며 무명이나 삼베 모시 등은 다리지 않으면 구겨져서 입을 수가 없기 때문에 반드시 풀을 먹여 말린 후 다리미질을 해야 했다.

어디 그뿐인가 당시에는 일회용 기저귀라든지 유아용품들이 없는 시절이므로 기저귀를 얇은 무명베로 만들어 쓰는데 계속 빨아 써야 했으며 야뇨증이라도 있는 경우에는 날마다 포대기를 빠는 일 등 참으로 쉴 틈 없이 이어지는 빨래로 인하여 어느 하루도 편한 날이 없을 정도였다.

그래도 하절기에는 냇가나 우물가에서 찬물로 마음대로 빨래를 할 수 있어서 괜찮은 편이었으나 겨울에는 따뜻한 물은 땔감이 부족하여 생각지도 못하고 찬물로 그 많은 빨래를 해내야 했다.

고무장갑도 없는 시절이라 손이 시려 빨갛게 부풀고 빨래 또한 잘 마르지 않아 급한 빨래는 방 아랫목에 펴놓고 말려야 할 때가 많으며 동구 밖 실개천에 나가 살얼음을 깨고 이불을 돌판 위에 놓고 방망이로 두드리며 맨발로 밟으며 빨고 있는 모습은 보는 사람마저 추위를 느끼게 하는 장면이기도 하였다.

돌이켜보면 지난날 며느리들의 일상은 밥상 차리기와 빨래, 길쌈들로 쉴 틈 없이 돌아가며 밭농사 또한 여인들의 몫으로 알고 해내며 때로는 남정네들이 맡아서 하는 논농사 일에도 협력하여야 했다.

거기에다 아이들까지 전담하여 길러 나가야 하니 날마다 삶이 험하고 고달픈 일들로 빽빽이 짜인 일과표였다.

이러한 어려움 속에서도 가족들을 사랑하는 마음이 워낙 컸기에 어렵고 고달픈 일을 마다하지 않고 기쁨으로 해냄으로 평안하고 알뜰한 가정을 이루며 살 수가 있었다.

생각할수록 헌신적이고 고달픈 여인네들의 삶이었다.

세월의 흐름에 따라 오늘날에는 음식 솜씨가 좋지 않아도 별다른 허물이 되지 않고 빨래는 세탁기가 맡아 하며 길쌈은 해야 할 필요가 없어지게 되었다.

지난날에 그렇게 중요시되었던 음식 조리법은 지금도 결혼을 앞둔 처녀들이 관심을 가지고 익히고는 있으나 꼭 갖추어야 할 필수적인 기능으로 여겨지지는 않고 있다.

그리고 핵가족의 단출한 가정생활에서 특별한 경우를 제외하고는 지난날처럼 고된 시집살이를 하는 모습을 별로 찾아볼 수 없게 되었다.

여권이 크게 신장되고 가사 일이나 자녀의 양육을 부부가 함께 맡아 하고 있으며 생활이 편리해짐에 따라 여성들이 가사에 얽매이지 않고 직장생활이나 사회활동에 적극적으로 참여하며 시간적 여유를 가지고 자신의 꿈을 펼쳐가고 있는 모습들을 볼 때면 지난날 고달픈 시집살이에 시달리던 며느리들의 한 어린 모습이 대조적으로 다가온다.

알뜰한 절전

1970년대 이전까지만 해도 도시지역을 제외하고는 전기가 들어오는 곳이 드물었으며 농어촌에 전기가 본격적으로 보급이 시작된 것이 70년대 초반 새마을 사업이 시작하면서였다.

1960년대 중반에 '저녁이 되자 전기가 들어왔습니다. 전깃불이 켜지자 방안이 환하게 밝아지고 라디오가 잠을 깨었습니다.' 하는 글이 초등학교 국어 교과서에 수록되었던 것을 보면 당시의 전력 사정이 얼마나 어려웠으면 불을 밝히는 것은 물론 기초적인 문화생활도 즐길 수 없었던가 하는 것을 짐작해 볼 수 있게 한다.

당시에는 전력의 생산량이 너무나 부족하여 산업시설에 우선으로 공급하다 보니 일반 가정에는 전기를 공급할 여유가 없어 일부 특별히 전력이 계속 필요한 경우를 제외하고는 가정에는 제한 송전을 할 수밖에 없었던 것이다.

산업체나 일부 가정에 시간에 제한 없이 전력이 공급되는 경우를 특선이라고 하였으며 일정한 시간 동안만 공급되는 경우는 일반 선이라 하여 대개 저녁 6시부터 너덧 시간 그리고 이른 아침에 한두 시간 정도 공급되었다.

전기를 사용하고 있는 가정에서도 밤에 불을 밝히는데 쓰는 것이 전기 사용의 전부라고 할 정도였으며 전력요금도 비싼 편이어서 전열기의 사용은 엄두를 내지 못하였다.

그래도 이렇게나마 전기를 쓰는 것도 도시에서나 가능한 일이었지 농어촌에는 거의 전기의 혜택을 받지 못하고 호롱불로 밤을 밝히며 살았으며 석유값이 비싸다 보니 밤늦게까지 불을 켜고 사는 가정도 그리 많지 않았다.

경제개발 계획이 추진되면서 에너지 자원의 개발에 박차를 가하여 석탄을 대신하여 석유를 연료로 하는 발전소가 건설되고 원자력발전소가 등장하면서부터 전력 생산량이 많이 늘어나 이제는 도시지역은 물론 농어촌에 이르기까지 전기가 들어가지 않는 곳이 거의 없게 되었다.

전력의 공급지역이 확대되고 가정집에도 일반선, 특선의 구별이 없어지고 모두 언제나 쓰고 싶은 전기를 마음대로 쓸 수 있게 되면서 사람들의 삶의 모습에 커다란 변화를 가져오게 되었으며 특별히 농어촌의 모습이 일신되는 변화를 가져오게 되었다.

내가 1973년에 도시지역으로 이사하기 전까지 대도시 인근 지역이지만 우리 고향 마을에 전기가 들어오지 않아 전등불 밑에서 생활하지 못했던 것이 지금도 아쉬움으로 남아 있는데 요즈음에 고향에 가보면 집집이 샹들리에를 비롯한 모양도 아름다운 전등이 설치되어 밤에도 대낮같이 밝고 환한 삶을 살고 있으며 각종 전열 기구, 전자제품, 전기난방, 비닐하우스의 난방에 이르기까지 전기를 풍족하게 쓰고 있음을 볼 수 있다.

전기가 들어오지 않던 시절에 그 칠흑같이 깜깜하던 골목길 담 모퉁이에 가로등이 밝혀져 있고 노인당에는 전기장판과 전력을 이용한 각종 건강시설이 갖추어져 있으며 상수도의 물도 전기모터를 설치하여 사용하는 등 도시지역에 못지않은 전기의 혜택을 누리며 사는 모습들을 볼 수 있어 과연 전기 만능의 시대에 살고 있음을 피부로 느낄 수 있다.

전기의 생산량이 많아지고 불을 밝히는 데와 간단한 전열기나 전자제품을 사용하는데 주로 썼던 때에는 전력이 남아돌아 심야 전기 사용을 적극적으로 권장하기도 하였다.

그러나 전기가 에너지의 주축이 되고 전자제품의 사용이 증대되고 냉난방이 일반화되면서부터 전력의 사용량이 급속히 증가함에 따라 이제는 현재의 전력 생산량으로는 수요를 감당할 수 없는 처지가 되어버렸을 뿐만 아니라 언제 불어 닥칠 줄 모르는 전력 대란의 위협 속에 살아가고 있다.

지난날 석유파동으로 전력난이 심할 때 '한 등 끄기' 운동에 온 국민이 참여하여 이를 극복했던 경험을 되살려 냉난방 절제를 비롯한 절전 운동을 범국민적으로 펼쳐나가야 할 것 같다.

얼마 전 지하철 엘리베이터 입구에 있는 벤치에 앉아 계신 할머니 한 분을 만난 일이 있다. "왜 혼자 앉아 계시느냐?"고 물었더니 엘리베이터를 타려고 하는데 "나 혼자 타기가 미안스러워 누구라도 오면 같이 타려고 기다리고 있다."라고 말씀하시며 엘리베이터가 이미 눈앞에 내려와 있지만 한참을 기다리고 있다가 몇 사람이 오자 함께 타던 80대 초반의 할머니 모습이 잊히지 않는다.

작은 일이지만 그 몸에 밴 절약 정신에 나는 크게 감동하였으며 이러한 정신들이 모일 때 우리 사회는 낭비 없고 알뜰한 삶이 될 것으로 생각되었다. 그런가 하면 20대의 팔팔한 청년 대여섯 명이 왁자지껄 떠들며 다가오더니 별로 멀지도 않은 계단으로 걸어 올라가기가 싫어서인지 우르르 몰려 엘리베이터를 타자마자 버튼을 누르고 올라 가버렸다.

지팡이를 짚은 할아버지가 간발의 차이로 타지 못하고 엘리베이터가 올라가 버리자 그 모습을 쳐다보며 '조금만 빨리 왔더라면……'하고 한탄하는 어조로 이야기하는 모습에서 무엇인가 보지 않아야 할 모습을 본 것 같아 마음 한구석이 개운치 않았다.

엘리베이터는 분명히 노약자와 장애인을 위하여 설치한 것인데 저런 젊은이들이 마구 타버림으로 정작 타야 할 사람은 타지 못하다니, 그리고 엘리베이터를 타면 적어도 3초 정도는 기다렸다가 버튼을 누르는 것이 예의라고도 하는데…….

절전은 작은 일에서부터, 특별히 젊은이들이 적극적으로 참여하여 실천할 때 역동성을 발휘할 수 있음이 새삼 느껴지는 장면이었다.

3부

그리움을 남긴 삶

동네 백이, 그 나눔의 미학

"무안댁, 우리 며느리가 큰상을 해왔어요, 잡수어 보세요." "고마워요, 우리는 언제 갚을까, 우리 막내 장가 보낼 때나 갚아질까?" 윗뜸에 사는 장성댁네가 둘째 아들 결혼식을 마치고 며느리 집에서 해온 큰상(사돈댁에 처음 보내는 음식) 중에서 떡 두어 도막씩을 동네에 돌리면서 주고받는 말이었다.

1970, 80년대까지만 해도 자녀를 결혼시켜 큰상이 오면 그냥 먹지 않고 동네 사람들과 나누어 먹으면서 서로 축하하며 기쁨을 함께 나누었다.

보통 떡을 나누어 먹었으며 고기를 많이 가져온 집에서는 삶은 돼지고기도 크게 썰어 한 점씩 돌리면 그것을 잘게 썰어 배추김치에 싸서 떡과 함께 먹는 맛이 일품이었다.

큰상은 떡과 고기나 생선 또는 과일 등을 석작(대나무 살로 엮어 만든 그릇)에 각각 종류별로 담아 사돈댁에 보내는데 떡은 다른 것에 비하여 훨씬 큰 것에 담았으며 다른 것들은 음식의 양에 따라 알맞은 크기에 담아 보냈다.

큰상은 가정의 형편에 따라 보냈는데 형편이 어려운 경우에는 다른 것은 빼더라도 떡은 한 석작 보내는 것이 준례처럼 되어 있었으며 대부분 가정의 형편에 따라 마련하였기에 그 규모에 따라 사람들이 사돈댁의 살림 규모를 가늠하기도 하였다.

큰상은 이웃과 나누어 먹는 것이 약속처럼 되어 있어 마을에서 누가 자녀를 결혼시키면 큰상 음식 얻어먹을 것을 기대하며 기다리고 있었기에 혼례식을 치르는 집에서는 중매하는 사람을 통하여 큰 상을 어느 규모로 할 것인가를 사전에 조율하는 등 각별한 관심을 두는 일이기도 하였다.

결혼식 날 아침에는 '살막이 떡'을 찰시루떡으로 마련하여 마을에 돌리기도 하였다.

그뿐만 아니라 제사를 지내고 나면 이튿날 아침 이웃들을 초청하여 식사를 대접하며 정담을 나누고 오후쯤에는 아주머니들을 초청하여 음식을 먹으며 사랑을 나누기도 하였으며 초청을 하지 못하는 경우에는 떡을 돌리기도 하였다.

어른의 생일에도 생일을 맞이하는 분의 친구들을 초청하여 음식을 나누며 즐거운 시간을 갖는가 하면 떡을 동네에 돌리기도 하였다. 그러기에 마을 사람들은 누구네 집의 제사가 언제이며 어떤 어른의 생신이 언제인가를 기억하고 떡이나 음식을 나누어 먹기를 은근히 기다리는 일들이 많았다.

장난 말 좋아하는 사람들은 "000, 자네 아버지 제사가 oo인데 어째 올해에도 막걸리 한잔 맛볼 수 있으려는가 모르겠네." 하고

운을 떼면 “막걸리뿐인가 고깃국에 동동주로 대접하려고 하니 목구멍이나 잘 다듬어 두시게.”하면서 정담을 나누는 모습들도 흔히 볼 수 있었다.

웬만큼 사는 집의 제삿날이면 사랑방에 모여 놀고 있는 사람들이 “000 양반 제사인데 단자나 보내세.” 하면 한문깨나 읽은 사람이 단자(單子)라는 제목과 몇 가지 음식 품목을 우스개 글로, 이를테면 돼지고기를 도야지(道也地) 고기로 써서 대바구니에 담아 “단자요.” 큰소리로 외치며 방문 앞에 던져놓고 저만큼 물러나 기다리고 있으면 방 안에 있는 사람들이 이를 들어다 살펴보고 떡이나 고기 나물 등을 담아 마루 끝에 내놓으면 가져다가 서로 나누어 먹으며 덕담을 하며 즐기곤 하였다.

당시에는 마을 사람들이 끼리끼리 어울려 추렴을 하여 떡을 해 먹기도 하였는데 이때에도 자기들만 먹는 것이 아니라 마을 사람들과 나누어 먹기를 좋아하였기 때문에 어떤 모임이나 계에서 떡이나 술을 마련했다고 하면 많은 사람이 조금이라도 얻어먹을 것으로 기대하고 있으리만큼 동네 백이가 늘 이루어졌다.

동네 백이는 과일이나 채소 등에서도 이루어졌다. 지금은 과일이나 채소가 상품으로 팔리고 있기 때문에 서로 나누어 먹는 경우가 별로 없지만, 옛날에는 과수원이 별로 없고 가정에서 몇 그루씩 가지고 있는 정도여서 이를 자기네만 먹지 않고 이웃과 나누어 먹었으며 채소도 귀한 것은 이웃과 서로 나누어 먹고 살았다.

'콩 한 조각도 서로 나누어 먹는다.'라는 속담이 있듯이 조금이라도 특색 있는 음식이 있으면 자기 가족들끼리만 먹는 경우가 드물었으며 이웃과 나누어 먹기를 좋아하였기에 더 따뜻하고 정 깊은 모듬살이를 이루어왔던 것 같다.

오늘날에는 사회의 변화와 도시화, 개인주의화에 따라 이런 아름다운 나눔의 모습들을 별로 찾아볼 수 없게 되었다. 날로 심해지는 농촌 인구의 감소와 노령화에 따라 동네 백이를 할 만한 일들이 별로 없고 그저 가까운 이웃끼리나 나누어 먹고 사는 정도에 그치고 있다.

도시지역에서는 이웃과 음식을 나누어 먹고 사는 모습을 보기가 어려울 그뿐만 아니라 이웃에 누가 사는지조차 모르고 심한 경우 아파트의 층간 소음 때문에 오히려 적대감으로 살아가는 경우도 많음을 볼 때 우리 사회에서 나눔과 베풂의 좋은 풍습이 또 하나 사라져 가는 아쉬움을 느끼게 된다.

우물가의 서정

내가 어렸을 때 살던 집 바로 옆에 우리 마을 아래 뜸 열여덟 집이 쓰는 공동우물이 있었다. 별로 깊지는 않지만, 우리 마을 세 개의 우물 중 물이 가장 잘 솟아나는 우물이었다.

마을에 사람이 살기 시작하면서부터 생긴 우물이니 수백 년 동안 쓰여 온 우물로 여름에 한 바가지 떠서 마시면 가슴까지 시원해지는 참으로 깨끗하고 맛이 좋은 샘물이었다.

우물에는 사람들이 모여들어 이른 새벽부터 두레박으로 물 긷는 소리가 나는가 하면 왁자지껄한 이야기 소리, 때로는 앙칼진 여자 목소리가 들리기도 하였다.

집에서 싸리문을 열고 나오면 처음 눈에 들어오는 것이 이 우물이기 때문에 우물가의 모습을 항상 볼 수 있었으며 지날 때마다 사람이 없는 경우가 거의 없으리만큼 즐겨 사용하였다.

이른 새벽이면 밥을 짓고 마실 물을 마련하기 위하여 집집이 물을 길어가기 때문에 물동이를 우물통 위에 놓고 두레박으로 물을 담아서 이고 가는 아주머니들을 비롯하여 물지게로 물을 나르기 위하여 양동이를 벌여 놓고 차례를 기다리는 아저씨, 바께쓰를 옆에 놓고 기다리는 사람들, 아침 시간에는 꽤 많은 사람이 물을 길어가는 모습들을 볼 수 있었다.

물을 긷는 모습도 다양하였다. 머리에 물동이를 이고 물이 넘쳐 연방 한 손으로 이마에 흐르는 물을 씻어내면서 물을 길어가던 금산댁, 물동이를 받쳐주는 똬리 끈을 입에 물고 조심스럽게 걸어가던 상주댁, 물지게 지는 기능이 서툴러 양동이들이 휘청거려 물을 절반이나 흘리면서 뒤뚱뒤뚱 걸어가던 Y 아저씨, 정화수를 떠다 놓고 공 드리기 위하여 새벽닭이 울기를 기다려 닭이 울자마자 누구보다 먼저 물을 길어가던 내정댁네 들의 모습이 눈앞에 떠오른다.

당시에는 브래지어가 없는 시절이어서 여름이면 중년의 아주머니들이 물동이를 머리에 이고 동이의 중간쯤에 붙어 있는 손잡이를 양손으로 잡고 가다 보면 얇게 입은 적삼이 위로 올라 붙어버려 젖가슴이 통째 드러나는 민망한 모습들을 흔히 볼 수 있었다.

그런 모습이 여자들에게 수치를 느끼게 하는 모습만은 아니었으며 아들을 낳은 여인들에게는 오히려 자랑스럽게까지 여겼던 모습이기도 하였기에 물동이를 이고 가는 여인이나 다른 사람들도 별로 관심을 두지 않았으며 그것을 눈여겨보는 것 자체를 겸연쩍게 여기는 풍토였다.

갓 시집온 색시나 젊은 부인들은 다른 사람들이 다니지 않는 이른 새벽이나 밤을 이용하여 물동이를 이고 갔으며 대부분 그들의 남편들이 물을 긷는 일을 맡아서 하였다.

아침 식수 긷는 시간이 지나고 아침밥을 먹고 나면 빨랫감을 가진 여인들이 하나둘씩 우물가에 모이게 된다. 우물가에는 빨래할 수 있도록 납작하고 두꺼우며 표면이 반들반들한 산돌로 만든 빨래판이 두 군데 마련되어 있었다.

우물가에서의 빨래는 많은 양을 하는 것이 아니라 간단한 몇 가지를 가지고 와서 해갔으며 어린애들의 기저귀라든지 행여라도 물을 오염시킬 우려가 있는 것들은 가져와서는 안 된다는 불문율이 있었으며 이불이라든지 규모가 큰 빨래는 집에서 하거나 개천에 가지고 가서 빨았다.

아무리 깨끗하게 빤 빨래라도 우물통 위에 놓는 것은 용납되지 않았으며 빨래에 쓰는 물도 되도록 우물물을 퍼서 쓰는 것보다는 우물에서 흘러나와서 고여 있는 물을 사용하기 때문에 우물물의 양을 유지하는데, 별다른 영향을 주지 않았다.

우물가에는 식수를 길으러 온 남자들이 얼른 물을 길어 가버리는 경우를 제외하고는 대부분 여자만 있는 상태에서 자연스럽게 이야기꽃을 피우게 마련이었다.

남편들이 일터로 나간 뒤에는 마을의 아낙네들이 약속이나 한 것처럼 우물가에 모여 가정생활을 비롯한 세상사는 이야기, 마을의 소식과 정보 등 여러 가지 이야깃거리를 가지고 재미있게 이야기하며 때로는 어떤 주제에 대하여 논쟁을 하다가 과열되면 다시 만나지 않을 것처럼 토라져 씽씽 집으로 돌아가 버리는 일들도 있지만, 며칠 지나면 언제 그랬느냐는 듯이 정답게 이야기하는 모습이었다.

결혼 날짜를 잡아두고 있는 처녀가 우물에 오기라도 하면 결혼 선배인 여자들이 결혼생활에 대한 여러 가지 것들을 지도해 주는 좋은 기회가 되기도 하였다.

당시만 하여도 여자들은 대부분 시간을 집에서 지내는 처지에서 마을의 우물을 여자들만의 만남의 공간으로 삼아, 보고 싶고 만나고 싶은 사람들을 마음 놓고 만날 수 있으니 이 얼마나 소중한 삶의 공간이었던가!

그러기에 서로 하고 싶은 이야기가 있다든지 어떤 물건을 전해 준다든지 하는 일이 있을 때면 자녀들을 시켜 연락하여 우물에서 만나곤 하였다.

며느리가 빨랫감 가지고 우물에 가서 빨아 온다는데 이를 막을 시어머니가 어디 있겠는가?

마을의 우물은 잠깐씩 고된 일상에서 벗어나 스트레스를 해소하는 피난처로서 역할을 하였으며 각자의 어려운 문제들을 내어놓고 서로 이야기하다 보면 해결의 방안을 찾아내는 문제 해결의 장이 되기도 하였다.

마을 사람들에게 마음 놓고 마실 수 있는 생수를 먹여주고, 빨래터로, 만남의 장소로서 역할을 잘 감당했던 마을의 공동우물이 세월의 흐름에 따라 이제는 상수도에 식수 제공의 역할을 넘겨주고 빨래터의 기능은 세탁기에 그리고 만남의 장소는 다른 알맞은 곳에 인계하지도 못한 채 그 기능을 잃어버리고 말았다.

몇 년 전 추석 무렵 마을에 들를 일이 있어 우리가 먹고 자랐던 그 우물을 찾아보았을 때 너무나도 변해버린 우물의 모습에서 세월의 무상함이 느껴졌다.

농촌이지만 수십 년 전에 상수도 설치로 공동우물이 필요 없게 되자 인적이 끊어진지 오래되어 이끼가 우물에 가득 차 있고 색깔마저 녹조를 띄고 있어 우물 같은 느낌을 전혀 느낄 수 없을 뿐 아니라 물의 양도 크게 줄어 빨래터로 흐르던 물줄기도 허옇게 자국만 남아 있었다.

어쩌다가 잘못 뛰어 들어와 우물 안에 갇혀버린 갈색 새끼 개구리 한 마리가 밖으로 나가고 싶어 이리저리 뛰고 있는 모습이 한층 을씨년스러웠다.

우물가에서 짙은 향내를 풍겨주던 늙은 향나무도 고샅길을 넓히는 과정에서 뽑힌 지 오래되었고 늘 물기로 촉촉이 젖어 있던 우물통도 콘크리트의 허연 본색을 드러내고 있어 보는 이에게 쓸쓸함을 더하여 주었다. 비록 식수로는 쓰지 않더라도 생활용수로라도 계속 썼더라면 좋았을 텐데…….

여름날 땀을 씻어가며 한 바가지 떠서 꿀떡꿀떡 마셨던 그 시원하고 맛있던 생수, 물동이, 빨랫감을 놓아두고 시간 가는 줄 모르고 이야기를 나누던 여인네들의 밝고 한가로운 모습이 새삼 그리워지는 30년 만의 재회였다.

친구야 같이 놀자

옛날에는 아이들을 위해 이렇다 할 놀이기구나 시설이 없고 놀이 종목도 별로 많지 않아 마을에서 아이들이 노는 모습이 어느 마을이나 별다른 차이 없이 그저 맨손 놀이 중심으로 이루어지며 놀이기구라야 막대기나 사금파리, 고무줄 등 별로 돈을 들이지 않고 주변에서 쉽게 구할 수 있는 것들을 가지고 놀았다.

요즈음처럼 장난감이나 컴퓨터 같은 개인 놀이기구가 없어 혼자 노는 경우는 극히 드물었으며 함께 놀 수 있는 동무가 있어야 재미있게 놀 수가 있었기에 동무 중에 몇 사람이라도 빠지게 되면 어떤 경우에는 놀이 자체가 이루어지지 않는 경우도 많았다.

같이 놀다가 누가 밥이라도 먹으러 집으로 가면 빨리 밥을 먹고 나오기를 기다리며 울 밖에서 서성거리며 기웃거리기도 하였다.

동요의 가사 중에 '김칫국에 밥 말아 먹고 나오라.' 하는 구절이 있듯이 밥을 빨리 먹고 나오라는 간절한 마음으로 기다렸던 것이다.

나의 어릴 적인 1950년대를 돌아보면 학교에 다녀오면 책보자기를 방바닥에 내 던져버리고 달려나가 동무들을 만나 놀기에 정신이 없었으며 조금이라도 늦게 나가면 짝꿍이 없어 함께 놀지 못하고 짝꿍이 생길 때까지 기다리다가 끝내 아무도 오지 않으면 다른 아이들이 신나게 노는 모습을 구경만 하고 돌아오는 날도 많았다.

왜냐하면, 그 당시에는 아이들이 모여 편을 갈라 놀이를 하는 경우가 많아 각 편의 사람 수가 같지 않으면 편에 균형이 깨져 놀이가 제대로 이루어지지 않기 때문이었다.

뒷동산에서 주로 했던 병정놀이를 비롯하여 학교 운동장을 누비며 몇 사람씩 손을 잡고 상대방을 잡기 위해, 잡히지 않기 위해 땀을 뻘뻘 흘리며 달려 다녔던 나이 먹기 놀이, 친구 집 넓은 마당에서 신나게 즐겼던 자치기 놀이, 숨바꼭질, 딱지치기, 구슬치기, 탄피 치기, 겨울철이면 얼음판에서 스케이트 타기, 팽이치기, 양지바른 짚비늘 앞에서 즐기던 제기차기, 돼지 오줌보나 새끼를 둘둘 말아 단단히 묶어 둥글게 된 뭉치를 축구공 삼아 즐겼던 축구놀이, 햇볕이 내리쬐는 여름날이면 또래들끼리 냇가에 나가 벌거숭이로 물장구치며 놀던 일, 여자아이들의 고무줄놀이와 줄넘기 놀이, 땅따먹기, 사방치기, 공깃돌 놀이, 인형 꾸미기 놀이…… 서로 어울려 놀던 참으로 재미있고 정이 넘치는 놀이이었다.

밤이면 친구 집 사랑방에 모여 밤이 깊어가는 줄도 모르고 재미있게 이야기를 하다가 귀신 이야기라도 들은 날이면 혼자 집에 오기가 무서워 친구를 졸라서 데려다 달라고 애원하다가 들어 주지 않으면 하는 수 없이 눈을 질끈 감고 단숨에 달려 집으로 왔던 일, 생각해보면 얼마나 정겹고 다정한, 그리고 아옹다옹 어울려 즐겁게 놀았던 어린 시절이었던지 지금도 생각해보면 그 모습들이 그리운 추억으로 눈앞에 다가오며 동심을 불러일으키곤 한다.

이처럼 옛날의 어린이들은 밤낮으로 한데 어울려 놀았기에 모두가 형제처럼 사이좋게 지내며 누구네 집에 숟가락이 몇 개 있는 것까지 알 정도로 서로 내 집같이 오가며 살았으며 식사 때라도 되면 그 집에서 같이 밥을 먹는 것은 보통 있는 일이었다.

부모들도 자녀들의 친구를 친 자녀처럼 대해주고 또 보살펴 주었기에 아이들이 자라나서도 친구의 부모를 마치 자기의 부모처럼 모셔 한마을에 살다 보면 대를 이어 친구가 되는 이른바 세교지간이 많아 마을이 더욱 단합되고 사랑의 공동체로 성장하는 것을 볼 수 있었다.

오늘날에는 시골에는 젊은이들이 객지로 떠나버린 바람에 아이들을 찾아보기가 어렵고 도시의 아이들은 학원 수강을 비롯한 공부 때문에 또 수없이 쏟아져 나오는 장난감, 혼자도 마음껏 즐길 수 있는 컴퓨터와 스마트폰이 있고 주말이나 쉬는 날이면 가족끼리 지내는 시간이 많기에 이웃 친구들과 어울릴 수 있는 시간이 없는 처지에 있다.

40여 년 전까지만 해도 마을마다 아이들이 자라는 소리가 우렁차게 들렸던 모습들이 이제는 간곳없고 시골에서는 아이들이 없어서, 도회지에서는 아이들이 모여서 놀 기회가 없어 정답게 어울려 자라는 모습을 볼 수 없으니 너무나 아쉬운 마음이 드는 것은 나만의 정서일까?

사람이 남과의 관계 속에서 살아가려면 어려서부터 친구들을 비롯한 남과 어울려 사는 삶을 많이 체험하며 공동생활의 기초를 닦는 데 힘써야 할 텐데 그렇게 할 수 없는 우리의 현실이 너무나 안타깝기만, 하다.

더구나 오늘날과 같이 물질문명의 발달로 인간과의 관계를 소홀히 하기 쉬운 사회적 여건 속에서는 자녀들에게 친구들과 함께 뛰놀며 마음을 같이하여 우정을 다질 기회를 더욱 많이 만들어 주어야 하지 않을까?

함께 노는 정다운 동무가 있어서 마냥 즐겁고, 대문 밖에서 "친구야 놀자." 하고 부를 때 얼른 김칫국에 밥 말아 먹고 달려나가 한데 어울려 마음껏 뛰놀던 정 깊은 놀이문화가 오늘을 사는 우리 아이들에게도 하루빨리 되돌아왔으면 좋겠다.

열 살 차이도 벗이었는데

요즈음 초등학교에 다니는 아이들을 보면 한 학년만 높아도 '형'이라고 부르며 조심스럽게 대하는 모습들을 볼 수 있으며 중고등학생들에겐 선배를 깍듯이 대하며 말을 높이는 모습들을 볼 수 있다.

옛날에는 고등학교를 졸업하고 형편이 어려워 대학 진학을 못하고 있다가 형편이 풀려 뒤늦게 대학 생활을 하는 만학도들이 많았기에 '대학에서는 선후배가 없다.'라고 하였는데 요즈음에는 학번을 따지며 MT 등의 활동에서 선배들이 후배들에게 가혹한 행위를 함으로 말미암아 물의를 일으키는 일들이 심심찮게 일어나고 있는 것을 보면 이젠 대학에도 선후배의 구별이 확실해 지고 있는 느낌이 들게 된다.

선후배 간에 위계가 있어야 하고 상호 간에 존경하고 사랑하는 인간관계가 있어야 하겠지만 '이건 너무 지나친 것이 아닌가?' 하는 생각이 들 때가 많다. 나이 한두 살 차이가 뭐 그리 대단한 일이기에 충분히 너냐 나냐 하는 친구 사이로 지낼 수 있는 관계를 굳이 선후배 관계로 변화시켜 거리를 두고 지내야 하는

지 아무리 생각해도 이는 너무나 인색한 일인 것 같다.

그렇지 않아도 아이들이나 청소년 사회에서 또래들의 수가 점차 줄어들고 있어 친구의 연을 맺고 살아갈 사람들이 부족한 현실에서 같이 어울려 살아갈 수 있는 또래의 사람들을 굳이 선, 후배를 엄격히 따짐으로 인하여 동고동락할 수 있는 관계에서 서로 조심스럽게 대할 수밖에 없는 관계로 변질시키는 것 같은 느낌을 들게 된다.

50여 년 전까지만 해도 2, 3년 차이까지는 선후배의 구별이 거의 없이 서로 말을 놓고 지냈다. 늘 어울려 지냈기에 성인이 되어서도 별다른 거리낌 없이 친구 관계로 지내게 되었으며 마을에서는 열 살의 나이 차이까지는 서로 '벗'을 한다고 하여 나이가 적은 사람은 '하소' 정도의 반 경어를 쓰고 윗사람은 '해라'의 평어를 쓰면서 서로 친구의 관계로 지내는 일들이 많았다.

다섯 살 정도의 차이까지는 별로 허물을 두지 않고 함께 어울려 지냈으나 나이 차이가 크면 사실상 함께 어울리기에는 조금 쑥스러운 관계이긴 하다. 그래도 친구 관계를 유지하고 싶어 어린아이가 철없이 대하니 너그럽게 봐주라는 뜻을 지닌 '어린 양벗'을 할 수 있도록 하여 비록 나이 차이가 있지만, 간혹 만났을 때 친구처럼 지내게 될 수 있는 여지를 남겨두기도 하였다.

그러나 친구의 친형이라든지 삼촌 등 함께 벗으로 지내기가 어려운 경우에는 나이에 상관없이 말을 올리는 것도 하나의 예의였다.

내가 50여 년 전 시골에서 살 때 나보다 열 살이나 많은 K형, N형, 다른 N형을 비롯하여 일고여덟 살 더 먹은 형들과 반 경어를 쓰며 격의 없이 지냈던 일을 생각하면 조금 미안하기도 하고 선배 대접을 잘못했었나 하는 생각이 들기도 하지만 내가 그들과 벗하기가 미안하여 말을 올리겠다고 하면 서로의 관계가 멀어진다고 극구 사양하는 바람에 그대로 벗을 하고 지냈던 일이 아름다운 추억으로 남아 있다.

특별히 말을 올리겠다고 말하자 펄쩍 뛰면서 "자네, 나와 무슨 서운한 일이라도 있는가?" 하면서 계속 같이 벗하자고 내 손을 잡아주던 K형의 모습은 언제 생각해도 따뜻한 모습으로 다가온다.

그리고 마을에서 같이 살았던 여덟 살 위인 O형도 객지에서 지내다가 내가 근무하는 직장으로 전근 왔기에 다시 만남에서 경어를 썼더니 나더러 말을 올리면 우리 사이가 멀어질 수밖에 없으니 다른 사람이 있는 곳에서는 말을 올리더라도 단둘이 있을 때는 벗을 하자고 하여 그와 지금까지 어린양 벗을 하면서 나에게 인생의 선배로서 멘토의 역할을 해주고 있는 든든한 벗이 되고 있다.

이러한 사회 풍토였기에 친구나 지인으로부터 사람을 소개받는 자리에서도 웬만한 경우 서로의 나이를 따져 별 차이가 없으면 벗을 트기도 하였다. 설령 잘 모르는 사이일지라도 여러 번 만나다 보면 누군가가 먼저 자기 나이를 이야기하면서 벗하고 지내자고 하면 서로 벗을 트고 지냈었다.

만일 같은 나이인데 특별한 이유 없이 누구와는 벗을 하고 다른 누구와는 벗을 하지 않으면 그 사람은 사람을 차별하는 사람으로 비난을 받게 되거나 거만한 사람으로 치부되기도 하였다.

나이 차이가 많은 가운데에서도 서로 벗 삼아 지내고자 하는 마음들이었기에 어느 한 사람을 두고 볼 때 자기 위로 열 살까지 아래로 열 살까지 벗으로 지낼 수 있으며 다섯 살까지는 허물없이 지내는 벗으로 그보다 많은 차이에서는 어린 양 벗으로 지낼 수 있으니 이 얼마나 다정하고 폭넓은 인간관계였겠는가?

이처럼 폭넓은 친구 관계를 맺으며 살아왔던 삶이 세월의 흐름에 따라 고향을 떠난 사람들이 많아 만남의 기회가 그리 많지 않고 또 도시화와 개인주의적인 삶이 주류를 이루어감에 따라 전통적인 벗 관계가 사라져 버려 이제는 열 살은커녕 두세 살 정도의 차이에도 친구로 보다는 선배로의 대접을 받기를 바라는 세태가 되어버렸다.

옛날의 나이나 선후배를 엄격히 따지지 않고 정으로 어울려 지냈던 고향의 벗, 특별히 속엣말을 스스럼없이 주고받았던 너나들이 벗들이 한층 그리워짐은 나이 먹은 사람들에게 더욱 짙은 향수를 느끼게 하는 일인 것 같다.

이제는 나부터 고향에라도 찾아가면 지난날에 어린 양 벗했던 사람들에게 말을 올리는 것이 더 자연스럽게 느껴지며 대여섯 살 아랫사람이 말을 놓으면 어딘지 거북스럽게 느껴지니 말이다.

어머니, 무슨 국을 끓일까요?

내가 살던 고향 마을 이웃집에 노안댁이 살고 있었다.

60대 중반의 시어머니와 공직생활을 하는 남편과 학교에 다니는 네 자녀를 보살피며 살아가는 40을 갓 넘긴 얌전하고 부지런하기로 소문난 아주머니였다.

어느 날 이른 아침 그 집 앞을 지나가는데 "어머니, 오늘 아침에는 무슨 국을 끓일까요?" 하고 묻자 "얘야, 오늘 아침에는 시금치 숭숭 썰어 넣어 된장국을 끓이렴." 하는 목소리가 들려 나왔다.

집에 돌아와 아내에게 이야기하자 "그 집에서는 진작부터 그렇게 해오고 있어요. 고부간의 사이가 어떻게 좋은지 국을 끓인다든지 색다른 음식을 만들 때면 꼭 시어머니에게 여쭙고, 같이 만들기도 해요." 하고 대답하는 것이었다.

특별히 아침에 어떤 국을 끓일 것인가 하는 것은 반드시 시어머니에게 물어 그 뜻에 따라 국을 끓이므로 아침에 끓일 국을 선택하는 일은 시어머니의 고유 권한으로 여겨지게 되었다고 한다.

그렇게 하다 보니 시어머니는 나름대로 식구들의 입맛에 맞는 국을 선택하기 위하여 여러 가지로 궁리를 하게 되었다.

국거리를 마련하기 위하여 텃밭에 나가 푸성귀를 직접 뜯어 오기도 하고 따스한 봄날이면 밭두렁이나 산기슭에 나가 산나물을 캐오는가 하면 어떤 때는 5일 시장에도 나가 국거리나 반찬거리를 사 오는 등 가족들의 구미에 맞는 식탁을 마련하는 데 힘쓰게 되었다.

대부분 며느리가 물어올 때 대답을 하는 것이 상례이나 아들이 술을 많이 마시고 들어온 다음 날 아침에 며느리가 묻기 전에 "오늘 아침에는 시원한 북엇국을 끓여 먹었으면 좋겠다."라고 이야기한다든지 자신이 봄나물을 캐온 날이면 "오늘 아침에는 향긋한 냉잇국을 먹어보자." 또는 손자들이 허약해 보이나 싶으면 고깃국을……" 먼저 이야기하기도 하였다. 마땅한 국거리가 없을 때는 "오늘 아침에는 네 마음대로 하려무나." 하고 며느리의 뜻에 맡기기도 하였다.

노안댁이 아침 식사의 국을 시어머니의 선택에 맡긴 것은 자기 자신의 결정으로 한 것이 아니고 남편을 비롯한 가족들과 협의하여 다소 자신들의 입맛에 맞지 않더라도 시어머니가 좋아하시는 국을 끓여 대접하고자 하는 효심에서 비롯되었다는 이야기를 들었을 때 그 아름다운 마음에 절로 고개가 숙어졌다.

어찌 국뿐이겠는가? 시어머니 중심으로 식탁을 준비하다 보니 자연히 가정의 여러 가지 일들에도 시어머니의 의견을 많이 받아들여 행함으로 가정의 대소사에 적극적으로 참여하시며 어른으로서 역할을 꾸준히 해나가실 수 있도록 하고 있었다.

이렇게 며느리를 비롯한 자녀들의 효도를 받으면서 살아가게 되니 가는 곳마다 앉은 자리마다 며느리 자랑, 손자들 자랑에 시간 가는 줄 모르고 지내다가 90을 넘어서까지 장수하면서 따뜻한 노후의 삶을 살았다.

특별히 시어머니가 90이 넘으면서 시력이 약화되어 사물을 잘 분간하지 못하고 거동이 불편할 때에도 "얘야, 내가 어서 죽어야 너희들이 좀 수월할 텐데, 이 모양으로 너무 오래 살고 있으니……"라고 이야기하자 "어머니, 그런 말씀 마세요, 어머니는 우리를 잘 보시지 못하지만, 저희는 어머니께서 이렇게 살아계셔서 늘 볼 수 있으니 얼마나 행복한지 몰라요." 하면서 위로하자 고부간에 손을 맞잡고 한없이 뜨거운 눈물을 흘렸다고 한다.

'효는 백행의 근본'이며 성경 말씀에도 부모에게 효도하는 자녀들은 이 땅에서 장수하며 큰 축복을 받는다고 하였듯이 이 가정은 할머니를 중심으로 온 가족이 효도하고 우애하며 살았기에 남편은 상당한 지위까지 올라 정년퇴직하였으며 자녀들도 모두 다 좋은 재목들로 성장하여 남들로부터 칭찬받는 삶을 살고 있다.

자신들보다 늙으신 어머니를 먼저 생각하며 가정의 어른으로서 역할을 할 수 있도록 세심하게 배려하며 모시던 모습이 세대 간의 격차와 갈등 속에서 자칫 노인을 경시하기 쉬운 오늘의 현실에서 깊이 새겨 봐야 할 삶의 모습이 아닐까?

새벽닭 울음소리

탈무드에 어떤 랍비가 먼길을 떠날 때 당나귀와 수탉 한 마리를 가지고 떠났다는 이야기가 있다. 이는 당나귀는 짐을 싣고, 타고 다니는 교통의 수단으로 그리고 수탉은 새벽 시간을 알기 위해서였다고 한다.

시계가 없던 시절에 하루에 한 번이라도 비교적 정확한 시간을 알려주는 것이 새벽이면 홰치며 울어대는 수탉뿐이기 때문이었다.

우리나라에서도 옛날에는 새벽닭이 우는 시간을 날짜 변경의 기준으로 삼았었다. 지금은 시계가 있어 자정이 지나면 새로운 날이 시작되어 정확한 시간 생활이 이루어지고 있으나 시계가 없던 시절에는 한밤중에 때를 가늠하기도 어려웠을 뿐만 아니라 정확한 시각도 알 수 없어 유일하게 새벽닭이 울면 '날이 샜다.' 라고 말하면서 부지런한 사람들은 새날의 일을 시작하였다.

여러 가지 닭 중에서 우리나라 토종닭이 우는 시간이 가장 정확하여 계절에 따라 약간의 차이는 있으나 대개 새벽 서너 시경에 울게 되며 이때 우는 닭 울음소리를 귀신을 물리치며 새벽을 깨우는 닭 울음소리로 여겼으며 만일 초저녁이나 밤중에 울게 되면 불길한 징조로 여겨 불안한 마음을 갖기도 하였다.

야간 통행 금지가 시행되었던 시절에도 새벽 4시가 되면 해제되었으며 택시의 심야 할증요금도 새벽 4시에 평상요금으로 되돌리는 것도 새벽에 닭이 우는 시각과 상당한 연관이 있을 것으로 생각되기도 한다.

가정들의 주산업이 농업이고 보니 낮에 열심히 일하다 보면 밤이면 밥숟가락 놓기가 바쁘게 잠자리에 드는 경우가 많아 요즘으로 말하면 8시 안에 잠자리에 들어 새벽 서너 시 무렵까지 7, 8시간 단잠을 자다 보면 새벽닭이 우는 시간쯤에는 잠에서 깨기 마련이기에 그날 해야 할 일감이 많다든지 평소에 부지런한 사람은 닭이 울자마자 일어나 일을 시작하는 사람들이 많았다.

마을에서 거의 모든 집에서 닭을 기르고 있어 어떤 집의 닭이 울면 다른 집의 닭들도 덩달아 따라 울게 되어 한참 동안 온 동네 닭들이 목청을 높여 울어대기 때문에 곤하게 잠든 사람을 제외하고는 거의 모든 사람이 일단 잠에서 깨게 된다.

새벽이 되면 자기가 사는 마을뿐 아니라 가까이 있는 이웃 마을을 비롯하여 닭이 있는 곳마다 닭 울음소리가 들리기 때문에 새벽닭 울음소리는 전국 방방곡곡에서 힘차게 울려 퍼지는 여명의 팡파르였다.

당시에는 사람들이 미신을 신봉하고 귀신이 밤을 다스린다는 생각을 가지고 살고 있었기 때문에 밤이 깊어지면 마을에 인적이 끊어지고 불도 모두 꺼져 마을이 온통 깜깜한 적막이 쌓이게 된다. 다만 제사를 지낸다든지 특별한 일이 있는 집에서만 희미한 호롱불이 깜박거릴 뿐이었다.

해가 지고 어두움이 깔리게 되면 귀신이나 도깨비가 활동하기 시작하여 새벽닭이 울면 쫓겨 간다고 믿고 있기에 보름달이 두둥실 떠 있는 밝은 밤이라도 밖에 나가 활동하는 것을 꺼리다가도 닭이 울면 아무리 어둡더라도 아무 곳에든지 담대하게 다닐 수 있는 용기를 갖게 되었다.

새벽에 집을 나설 일이 있어도 닭이 울기를 기다렸다가 울음소리를 듣고 출발하기도 하였다.

제사를 지내는 때에도 첫 새벽닭이 울기 시작하기 직전에 새벽 사를 드리기 위하여 닭울음 소리에 귀를 기울였다. 만일 깜빡 졸다가 첫닭 울기 전에 제사를 지내지 못해버리면 제사를 받으러 왔던 분의 혼령이 닭 울음소리와 함께 떠나가야 하기에 제대로 제사를 올리지 못한 결과를 가져오게 되어 큰 불효와 수치로 여겨지게 되리만큼 제사와 새벽닭 울음소리는 밀접한 관계를 맺고 있었다.

이처럼 새벽닭 울음소리는 시계가 없던 시절에 날짜가 바뀌는 시간으로, 귀신이 지배하는 시간에서 사람이 다스리는 시간으로, 제사를 끝내는 시간으로, 부지런한 사람들이 일을 시작하는 시간으로 이용되는 등 사람들의 생활과 깊은 관계가 있었기에 비록 새벽 한때지만 귀중한 시간을 알리는 시계로서, 그리고 새날의 삶을 시작하게 하는 계기로서 역할을 톡톡히 해냈던 것이다.

돌이켜보면 시계가 없던 막막한 시절에 한때나마 본능적으로 목청을 높여 욺으로 사람들에게 그토록 유익을 주었던 닭이 오늘날에는 목축의 대량화 사육추세에 따라 대부분이 양계장에서 전문적으로 사육되고 있기 때문에 시골에 가도 닭을 기르는 집이 흔하지 않고 몇몇 가정에서만 암탉 몇 마리씩 기르는 처지가 되고 보니 새벽닭 울음소리를 별로 들을 수 없게 되었다.

더구나 시계나 휴대폰을 비롯한 라디오, TV 등 시간을 알아볼 수 있는 것들이 많고 산업구조의 변화로 야간에 일하는 경우가 많아 밤낮의 구별이 사실상 없어진 상황에서 그 울음소리에 관심을 두지 않게 된 지가 오래되어 버렸다.

요즈음에는 오히려 소음공해(?)로까지 여기게 되었으니 그 우렁차게 울려 퍼지던 새벽닭 울음소리는 그리운 옛 추억으로만 간직하여야 할 것 같다.

품앗이, 그 아름다운 풍속이여

우리 마을에 사셨던 하남 아저씨와 상주 아저씨는 벼농사나 보리농사를 비롯한 여러 가지 농사일과 집안일들을 다른 삯꾼을 사지 않고 두 사람이 함께하였다. 상주 아저씨는 일을 익숙하게 해내고 있음에 비하여 하남 아저씨는 약간 능력이 부치는 수준이지만 그들은 능력을 따지지 않고 어울려 일하고 있기에 마을 사람들이 늘 칭찬하며 그들의 정 깊은 삶을 부러워하기도 하였다.

두 사람은 아무런 혈연관계가 없지만 서로 일을 도와서 하다 보니 어떤 가까운 친척보다도 더 가깝게 지내게 되었으며 농사를 지을 때도 종자를 마련하는 일에서부터 거두기에 이르기까지 서로 타협하고 함께 지혜를 모아 농사짓기 때문에 해마다 농사를 잘 지어 좋은 수확을 올리고 있었다.

농사일은 다른 일과 달리 때맞추어 일해야 하기에 한꺼번에 많은 노동력이 필요한 경우가 많아 마을에서 모내기할 때 모든 가정이 농사일을 원만히 해낼 수 있도록 일정을 조정하는 데 힘썼다.

각 가정의 모내기 날짜를 정하는 과정에서 품앗이 관계가 있는 집들에는 자기들끼리 미리 날짜를 정하여 마을에 알려 일정을 짜는 데 참고하도록 하였으며 부족한 인력만 품꾼을 사는 등의 방법으로 해결하였다.

우리 마을은 가정들에 농토가 별로 많지 않은 편이어서 대여섯 집을 제외하고는 모내기 작업을 십여 명이면 충분히 해낼 수 있기 때문에 열 사람 정도만 다른 사람과 품을 앗아 놓으면 별도로 삯꾼을 사지 않아도 충분히 해낼 수 있었다.

벼농사의 경우 모내기에는 한 마지기에 한 명 남짓 인력이 필요하나 20일쯤 후에 이루어지는 초벌 김매기, 다음 15일쯤 후에 두벌 매기 그 후 20일쯤 후에 세 번째 김매기인 만도리 등의 김매기에는 인력이 약간 적게 들어서 남은 품앗이 인력을 가을철에 벼 베기와 타작에 쓰기도 하였다.

이와 같이 모내기부터 수확에 이르기까지 일련의 작업을 거의 품앗이를 통하여 해내기 때문에 노동력이 있는 가정에서는 인건비가 거의 들지 않고 농사를 지을 수 있었다.

노동력이 없거나 품앗이만으로는 인력이 부족한 경우에는 품삯을 주고 품꾼을 사서 농사일을 해야 하는데 품삯이 오늘날과 같은 임금의 개념이 아니라 일손이 부족한 이웃끼리 서로 돕고 품앗이를 하는 생각으로 일을 해주기 때문에 굳이 품삯을 따지지 않게 되어 성인 한 사람의 품삯이 쌀 한 되 정도밖에 되지 않아 별다른 부담 없이 농사를 지을 수 있었다.

모내기 하루를 비롯하여 김매기 세 번까지 나흘간 원하는 날짜에 일해 줄 것을 약속하고 품삯으로 쌀을 미리 가져다 먹는 고지도 쌀 대여섯 되밖에 되지 않았으며, 먹고 살기가 너무 어려워 남의 집에서 숙식하며 주인집의 모든 일을 도맡아 해야 하는 머슴살이의 경우도 1년 세경(연봉)이 청장년의 경우 쌀 여남은 가마, 깔담살이라고도 일컫는 꼴머슴(미성년)의 경우에는 몇 가마, 더러는 숙식만 해결 받는 정도에 그치는 경우도 많았다.

자기 집 농사일을 혼자 하는 경우도 더러 있었지만 혼자 일을 하는 경우에는 우선 심심하고 작업의 능률이 오르지 않을 뿐 아니라 아무래도 자기 집에서 평상시에 먹던 대로 먹으면서 일하다보니 먹을거리가 부실하여 쉽게 지치기 마련이었다.

특별히 놉을 살 형편이 못 되어 김매기를 혼자 하는 경우에는 '호락질'이라 하여 매우 힘들여서 하는 일로 여겨져 누가 호락질을 한다고 하면 우선 인사말부터 '호락질 하느라 얼마나 고생하느냐?'는 말로 위로하기도 하였다.

그도 그럴 것이 곁에 아무도 없이 땡볕 아래 혼자 김을 매다 보면 일은 별로 줄어지지 않고 일을 많이 했다고 생각을 하고 막상 뒤돌아보면 겨우 몇 고랑을 매는 데 그치고 있으니 얼마나 지루하고 고통스러운 일이었겠는가?

그러기에 어떤 사람은 지루함을 견디다 못해 남의 눈에 띄는 갓 부분만 둘러매고 가운데 부분은 매지 않고 끝내버리는 일도 더러 있었다.

이에 비하여 여러 사람이 품앗이로 김을 맬 때는 일이 푹푹 줄어들고 서로 재미있게 이야기를 하며 농부가를 비롯한 흥겨운 노래를 부르면서 일을 하기 때문에 지루함을 별로 느끼지 않은 가운데 일을 하게 되며 끼니가 되면 맛있는 밥상이 기다리고 있으니 얼마나 즐겁고 가뿐한 마음이겠는가?

모내기를 비롯한 벼농사 일은 뙤약볕 아래 해야 하는 중노동이므로 먹을거리에 큰 관심을 가졌으며 맛있고 풍성한 음식으로 마련하는데 정성을 다하였다.

일반적으로 점심, 저녁에 밥과 술을 제공하고 아침과 점심, 점심과 저녁의 중간시간에 새참으로 밥이나 국수, 술 등을 먹도록 하고 담배도 한 갑씩 제공하였으며 인심 좋은 집에서는 술이나 과자 등을 논두렁에 놓아두고 수시로 먹을 수 있도록 하였다.

일하는 사람들에게는 평상시 자기 집에서는 꽁보리밥에 된장국, 고추, 장아찌 정도로 먹는 형편에서 밥부터 쌀이 많이 섞인 좋은 밥에 고기반찬, 생선, 젓갈, 김치와 각종 나물 등 정성 들여 마련한 식사와 마음껏 마실 수 있는 술…… 얼마나 풍요롭고 맛깔스러운 식탁이었겠는가?

특별히 점심을 들판에서 먹는 모내기 날은 잔칫날처럼 즐거운 날이 되어 일하고 있는 사람들의 가족이나 지나가는 사람도 불러 음식을 대접하면 '농사가 잘되어 풍년을 맞이하세요.' 한마디

덕담으로 답례하면서 맛있게 먹고 자기 마을에 돌아가 그 넉넉한 인심을 이야기하기도 하였다.

품앗이는 농사일뿐만 아니었다. 옛날에는 농사일은 주로 남자들이 하고 집안일은 아낙네들이 하였기 때문에 길쌈을 비롯한 여러 가지 일을 서로 품앗이하는 일이 많았다. 밭매기, 목화 따기, 삼 삼기, 베매기, 베 짜기 등 여러 가지 일을 품앗이로 해냈다.

그리고 마을에서 이웃 간에 사랑을 나누고 어려운 일이 있을 때 서로 돕기 위하여 여러 가지 품앗이를 하였다.

예컨대 부모의 상을 대비하여 술 한 말, 팥죽 한 동이, 콩나물 한 시루 등을 서로 부조하기로 품을 앗아 필요할 때에 서로 돕고 참여하였으며 자녀들의 혼사를 앞두고도 음식물의 부조를 품앗이로 미리 준비하여 해결했던 일이 많았다.

이러한 품앗이를 통하여 큰일을 앞두고 준비하며 서로 기쁨과 슬픔을 함께 나누려는 조상들의 슬기로운 삶을 엿볼 수 있으며 이는 단순한 품앗이에 그치는 것이 아니라 서로의 정을 두텁게 하는 삶의 방편이기도 하였다.

사실 1960년대 초반까지만 하여도 결혼이나 초상 등 애경사에 일가친척 등 특별한 관계를 제외하고는 돈으로 부조를 하는 경우가 드물었으며 품앗이로 또는 성의를 표할 수 있는 조그마한 물품으로 부조를 하면서 기쁨이나 슬픔을 함께하는데 더 뜻을 두고 협력하였다.

이렇게 농어촌 사회에서 가장 기초적인 협동의 원리로써 시너지의 발원으로써 크게 쓰임 받았던 품앗이가 사회 구조의 변화와 농기구의 기계화, 임금 중심의 노동체제, 농촌 인구의 급격한 감소와 노령화로 이제는 거의 찾아볼 수 없는 현실이 되어버렸다.

모내기하면서 집에서 푸짐하게 장만한 음식으로 대접하는 것보다 식당에 주문하여 간편하게 대접하는 추세로 변해 버려 이젠 들판을 지나다가 못밥을 얻어먹었던 그 아름답고 넉넉한 모습들이 한낱 그리운 추억으로만 남게 되었다.

오늘날 날로 개인주의화 되어가는 현실 속에서 품앗이의 그 아름다운 정신을 되살려 농어촌뿐만 아니라 도시지역에서도 현대의 삶에 적합한 품앗이를 개발하여 실천함으로 우리 사회가 다시금 따뜻하고 정겨운 삶의 공동체로 회복되었으면 하는 마음 간절하다.

자주 강(講)을 받아 주세요

1960년대 중반에 내가 4학년을 담임하고 있던 3월 초에 유난히 깨끗한 모시 한복을 차려입은 할머니가 나를 찾아오셨다. 우리 반에서 키가 제일 작아 출석 번호 1번인 근종이 할머니였다.

오후 방과 후의 시간이기 때문에 꽤 오랜 시간 이야기를 나눌 수 있었다.

"우리 근종이는 우리 집 장손이니 자꾸 강을 받으시고 말 안 들으면 때려서라도 잘 가르쳐 주십시오. 오직 선생님께 모든 것을 맡깁니다."라고 말하면서 근종이는 집안에서 위치와 좋은 재목으로 자라나야 함을 간곡히 이야기하셨다.

나는 이 말을 듣는 순간 '지금 내가 교사로서 아이들로부터 자주 강을 받고 있는가?' 하는 생각을 해볼 때 매우 부끄럽고 어딘가 아픈 곳을 찔린듯한 느낌을 받았다.

학급 아동수가 70명에 가까워 개별지도가 어려운 여건에 있기에 사실상 개별지도에 별로 힘을 쓰지 못하고 있었기 때문이다.

아마 근종이 할머니는 자신이 어렸을 때 흔히 보았던 서당에서 활발하게 이루어졌던 개별지도 모습에서 교사인 나에게 이렇게 주문하셨을 것으로 여겨졌다.

옛날 우리 조상들이 서당에서 공부할 때에는 나이나 수학 능력이 각각 다른 4, 5세의 유아로부터 20에 가까운, 때로는 그 이상의 성년의 생도들을 모아 각자 수준에 알맞은 교재를 가지고 교육을 하였다.

가장 초보라고 할 수 있는 천자문이나 학어집에서부터 중급인 명심보감 정도, 수준이 높은 사서삼경에 이르기까지 다양한 수준에서 철저한 개별지도를 통하여 학습이 이루어지고 그 단계를 이수하여야 다음 단계로 올라갈 수 있기 때문에 가르치는 훈장이나 교육을 받는 생도들이 되도록이면 빨리 다음 단계로 올라가기 위하여 열심을 다 하였다.

생도 수가 많아야 여남은 명 적게는 예닐곱 명, 어떤 경우에는 부잣집이나 자녀교육에 특별한 관심을 가진 가정에서 독서당(獨書堂)을 앉혀 한 자녀 또는 두어 자녀들을 대상으로 각자의 수준에 맞는 지도를 하여야 하기 때문에 개별지도를 할 수밖에 없으며 각자의 성취도를 측정하기 위하여 강을 받는 것이 필수적인 학습활동이었다.

더구나 다음 단계로의 진급은 반드시 훈장 앞에서 교재의 내용을 외워 바치는 이른바 강을 바치고 인정을 받았을 때 한 차원 높은 과정으로 올라갈 수 있는 자격이 주어지기 때문에 생도들은 서당에서나 가정에서 때로는 밤을 새워 공부하였다.

강을 바치는 경우에는 큰 소리로 외워야 하기 때문에 책을 읽고 외우는 목소리가 담장 밖까지 울려 퍼지기도 하였다.

훈장 역시 생도 각자의 수준에 맞춰 강을 받을 준비에 정성을 다하였으며 강을 받은 후에는 칭찬과 격려, 보충지도를 통하여 학력을 높이는데, 힘썼으며 기대 수준에 미달하였을 때 특별히 충분히 잘할 수 있는데 게을리함으로 제대로 강을 바치지 못할 경우에는 사랑의 회초리도 아끼지 않았다.

근종이 할머니의 부탁은 옛날 서당식의 교육 차원에서 한 이야기이기 때문에 다인수 학급에서 그대로 적용할 수는 없겠지만 어려운 여건 속에서도 '강을 받는' 마음으로 학습을 개별화하는 데 힘써야 함을 시사해 주었다.

4월 중순경 근종이네 마을에 며칠간 결석을 하고 있는 아동의 가정 방문을 마치고 골목길로 나아오고 있는데 어떻게 알았는지 근종이 할머니가 기다렸다는 듯이 반갑게 인사하며 날달걀 두 개를 내놓으며 "방금 장태(닭장)에서 꺼내온 것."이라고 하시면서 하나를 깨어 나에게 주면서 마시라고 하였다.

아직 온기가 가시지 않은 달걀이 맛이 그렇게 고소할 수가 없었다. 그리고 남은 하나는 내 양복 호주머니에 살며시 넣어 주시면서 다음에 먹으라고 하셨다.

나는 학교로 돌아와서 양복을 벗어 의자에 걸어 놓아두었다가 퇴근 시간이 되어 옷을 입으려고 보니 호주머니가 흥건히 젖어 있었다. 호주머니에 날달걀을 넣어 두었던 것을 깜빡 잊고 놓아두어 아마 청소시간에 아이들이 의자를 움직이는 과정에서 깨지고 말았던 것 같다.

달걀이 깨져있는 호주머니를 닦아내느라 무척 애를 먹기는 하였으나 아들뻘도 안 되는 나를 교사이기에 존경하고 사랑하는 마음이 흠뻑 녹아 있는 그 정어린 마음이 손자를 남달리 사랑하던 모습과 함께 내 교직 생활에서 가장 소중하고 아름다운 추억의 하나로 가슴속 깊이 자리 잡게 되었다.

그리고 교육이 제대로 이루어지기 위해서는 교사의 학생에 대한 사랑과 학생의 교사에 대한 존경심, 그리고 학부모의 학교에 대한 신뢰가 바탕이 되어야 함을 다시금 일깨워 주기도 하였다.

사실 근종이는 우리 반에서 체격이 가장 왜소하고 어리며 공부도 별로 잘하지 못하는 처지에 있어 아이들이 이름인 '이근종'에서 '이'를 10으로, '근종'을 근중으로 바꿔 '10근 중(체중이 10근밖에 안 된다는 의미)'이라는 별명으로 불리고 가까이 지내는 아이들이 별로 없어 고립상태에 있었다.

나는 그의 할머니와 상담을 마친 후에 학급 인원이 68명이나 되는 다인수 학급이지만 아이들 한 사람 한 사람을 대상으로 개별지도에 힘쓸 것을 다짐하게 되었으며 근종이에 대하여는 공부 시간에 쉽게 답할 수 있는 질문으로 공부에 대한 자신감을 길러주고 점차 난도가 높은 질문을 하는 등 공부 시간에 해찰하지 않고 열심히 할 수 있도록 보다 관심을 가지고 지도하였다.

그리고 교우 관계의 형성을 위하여 우선 '10근중'이라는 별명을 일체 사용하지 못하게 하고 반장을 비롯한 상위층에 속한 아이들과 수시로 어울릴 수 있도록 소집단 과제를 부여하여 서로 협력하며 일할 수 있도록 하는 등 다각적인 활동으로 학년 초보다 훨씬 활발하게 공부하며 학급사회에도 잘 적응하는 모습을 볼 수 있었다.

이러한 사례에서 아이들에게 관심을 두고 수시로 학습 상황을 살펴보고 평가하여 학력을 정착시키기 위해서는 개인차에 대응하는 학습활동이 활발히 이루어져야 함을 절실히 느껴보았다.

자칫 자주 강을 받는 것과 같은 교육 방법은 옛날 서당에서나 사용했던 낡은 학습방법으로 치부해 버리기 쉬운 오늘의 현실에서 우리 조상들이 열악하기 그지없는 교육 여건 속에서도 학습 현장에서 학습 개별화의 일환으로 강을 받는데 힘썼던 지혜를 돌이켜 보아야 할 것 같다.

오늘날 우리의 교육 여건이 크게 개선된 가운데 큰 학교라야 학급 인원이 30여 명 안팎으로 줄어들었고 10여 명도 안 되는 소규모 학교가 많이 있는가 하면 특별히 도서 벽지에는 한두 명 또는 서너 명으로 편성된 복식 학급도 많이 있음에 비추어 수준별로 학습의 개별화를 위하여 강 받는 것을 중요시했던 서당식 학습방법을 현장에 접목하여 더욱더 효율적인 방법으로 개발, 적용해 나간다면 학습 현장에서 절실히 요구되는 한 사람 한 사람의 학습력과 학력을 향상하는데 그리고 바른 인성을 형성하는데 큰 도움이 될 것으로 기대해 보게 된다.

상여 나가던 날

우리 마을에서 꽤 오래 살고 돌아가신 신촌 어르신 상여가 마을 시정에서 거리제를 지내고 동구 밖으로 나가는데 아낙네들이 소복 차림으로 늘어서서 상여를 바라보며 마치 정든 사람이 집에 왔다가 떠날 때처럼 손을 저으며 눈물짓던 모습을 보았다. 당시에는 여자들은 장지에 갈 수 없기 때문에 그랬던 것 같다.

신촌 할아버지는 당시로써는 초고령인 80에 가까운 나이까지 사시면서 마을에서 원로로서 마을 사람들이 어려운 일이 있거나 분쟁이 있을 때 그분에게 가서 이야기하면 웬만한 문제는 별다른 어려움 없이 해결되었다.

평소에 덕을 베풀고 살아온 처지이기에 많은 사람으로부터 마을의 어른으로 존경을 받으며 살다가 돌아가셨으므로 사람들에게 많은 아쉬움을 남겼던 것 같다.

내가 어렸을 때는 초상이 나면 마을 사람들이 특별히 중요한 일이 아니면 일을 멈추고 상가를 찾아 위로하고 다 같이 협력하여 우선 장례를 치르는 데 힘을 모았다.

빨래하면 죽은 사람이 먼저 입어버리기 때문에 옷이 빨리 닳아져 버린다느니 농사일을 하면 귀신이 다 거두어 가버려 수확이 떨어져 버리고 나들이 가면 재수 없는 일이 생긴다느니 등 여러 가지 금기를 만들었던 것도 모두가 협력하여 장례를 치르고자 하는 뜻에서 만들어진 것들인 것 같다.

초상이 났을 때 가장 먼저 해야 할 일이 죽음을 알리는 부고장을 돌리는 일이었다. 당시에는 가정에는 물론 관공서에도 경찰지서를 제외하고는 전화가 설치되어 있지 않고 우편 사정도 원활하지 않아 부음을 사람이 직접 가서 전할 수밖에 없으며 교통수단도 열악한 처지여서 일일이 걸어가서 전해야 할 처지이고 보니 우선 젊은이들을 중심으로 부음 전할 사람을 뽑아 구역을 담당시켜 출발하도록 하였다. 몇십 리나 떨어진 먼 곳을 다녀오는 사람에게는 노자를 주어 보내기도 하였다.

인쇄시설이 없기 때문에 부고장도 한 장 한 장 손으로 써서 보내야 하는 데다가 마을에서 한문으로 또 작은 붓글씨로 쓸 만한 사람이 별로 없는 처지여서 두어 사람이 밤낮을 가리지 않고 출상 전날까지 꼬박 글씨를 써야 하니 그 수고가 이만저만이 아니었다. 가까운 친척이나 허물없는 사이에는 부고장을 쓰지 않고 구두로 내용만 전하기도 하였다.

손님을 접대하기 위한 음식을 장만하는 일도 이 일에 능숙한 몇 사람이 맡아 식단을 짜고 필요한 식품과 재료를 도회지에 있는 큰 시장에 가서 사다가 준비하였다.

그리고 수의를 비롯한 옷가지를 만드는 일, 관을 만드는 일, 상여에 붙일 꽃술, 기타 장례에 따른 소품을 만드는 일, 장지를 정하여 매장을 준비하는 일, 상여 소리꾼과 상여꾼을 정하는 일 등 거의 모든 일을 마을 사람들이 맡아서 해내며 마치 자기들이 상을 당한 것처럼 밤을 새워가며 함께 슬퍼하고 위로하는 가운데 상을 치르게 되어 많은 위로와 협력 속에서 상을 치르게 되었다.

상을 당한 집에서는 돌아가신 분이 마을 사람들과 친지들을 마지막으로 대접하는 기회로 생각하고 되도록이면 많은 음식을 장만하여 대접하는 데 힘썼다.

마을 사람들은 부잣집에서 70세 정도에 죽으면 천수를 다하고 죽은 호상이라고 하여 마음껏 먹고 마시며 장례 치르는 동안 줄곧 그 집에서 먹고 지내도 아무런 허물이 되지 않았다.

오히려 고맙게 생각하는 터이었기에 술을 거나하게 마신 후에도 아는 사람이 오면 또 함께 어울려 마시면서 상대방에게 술을 권하는 등 접대의 일을 해내기도 하였다.

당시에는 마을을 돌아다니며 밥을 얻어먹고 살던 거지들이 있었는데 이들에게도 마음대로 먹고 지낼 수 있게 해줌으로 잔심부름하며 장례 일을 돕기도 하였으며 소상이나 대상 때에도 날짜를 기억해 두었다가 다시 찾아오기도 하였다.

자녀들이 비록 돌아가신 부모는 잡수시지 못하나 부모에게 마지막으로 효도하는 마음으로 손님들을 대접하니 대접하는 마음과 대접받는 마음이 한데 어울려져 푸짐하고 정 깊은 베풂의 기회가 되었던 것이다.

사람들을 대접하는 일이 그뿐이겠는가? 장례를 마치고 삼우제를 지내고 나면 유대 꾼(상여를 메고 운구한 사람들)이나 묘역을 맡았던 사람들 그리고 특별히 고생했던 사람들을 초청하여 한 끼 식사를 융숭하게 대접하는 일을 빠뜨리지 않았으며 또 마을에 감사하는 마음으로 형편에 따라 마을의 발전기금으로 얼마의 돈을 내놓기도 하였다.

가난한 집의 초상에는 마을 사람들을 충분히 대접할 여유가 없기 때문에 비록 대접은 넉넉하지 못하지만, 그 형편에 맞추어 대접하고 마을 사람들도 장례에 정성껏 참여하는 일은 부잣집의 초상과 차이가 없었다.

마을 사람들이 부잣집보다 더 많은 것들로 협조하여 장례를 치르기 때문에 '초상에는 빚지지 않는다.'란 말이 통용되리만큼 별다른 어려움 없이 장례를 치렀다.

그리고 마을 사람들끼리 장례나 결혼을 앞두고 품앗이를 많이 하고 있었으므로 미리 예측하고 있는 경우에는 며칠 전부터 콩나물을 기른다든지 술을 빚는다든지 품을 갚기에 힘썼다. 갑작스럽게 상을 당한 경우에도 소식을 들은 즉시 술, 팥죽, 식혜, 삼베 등 품 앗았던 것들을 필요한 때에 가져와 쓸 수 있도록 하였기 때문에 이런 큰일을 당해도 당황하지 않고 일을 해낼 수 있었다.

혹시 의지할 곳 없는 노인이 세상을 떠나기라도 하면 마을 사람들이 힘을 모아 장례를 치러주는 것은 흔히 있는 일이었다.

참으로 환난상휼(患難相恤)의 향약 정신이 잘 드러나는 따뜻하고 넉넉한 삶의 모습이었다.

그러나 평소에 덕을 베풀지 않고 자기의 유익을 위하여 남에게 피해를 보며 살았다든지 부자이면서 교만을 부리고 인색하게 살았다든지 하면 초상 때에 들여다보는 사람이 별로 없어 참으로 외롭게 또 어렵게 장례를 치를 수밖에 없었다.

만일 날씨가 몹시 춥다든지 궂으면 '어떤 독한 놈이 죽었는가 보다.' 하고 비아냥하였으며 존경받고 선한 사람이 죽었는데 보슬비라도 내리면 '하늘도 슬퍼서 눈물을 흘리는가 보다.'로 빗대어 말하듯이 죽은 자의 생전의 삶에 준엄한 평가를 하기도 하였다.

사람이 살다가 죽어 상여가 나갈 때 많은 사람으로부터 눈물의 환송을 받으며 떠났던 사람들처럼 오늘날에도 영구차에 실려 나갈 때 하늘을 우러러 별다른 부끄러움 없이 그리고 '참 좋은 사람이었다. 세상에 빛을 남겼다.'라는 칭송을 받으면서 떠난다면 얼마나 값진 삶이겠는가를 다시 한번 생각해보게 된다.

윷 한판 신나게 놀아 보았으면

우리가 어렸을 때 가장 기다려지는 명절이 추석이었다. 다른 명절과 같이 떡이나 고기를 비롯한 여러 가지 맛있는 음식을 먹으며 즐겁게 노는 것도 이유가 되겠지만 여름내 먹어보지 못했던 쌀밥을 다시 먹게 되고 김치나 채소도 마음대로 먹을 수 있는 식단으로 바뀌기 때문이었다.

여름철에 접어들면서 쌀 한 톨 섞이지 않은 꽁보리밥만 먹다가 추석 무렵부터 쌀이 나오기 시작하면 윤기가 좌르르 흐르는 햅쌀밥을 먹게 되니 얼마나 행복했겠는가?

지금도 김이 모락모락 나는 쌀밥을 볼 때면 어린 시절에 맛있게 먹었던 쌀밥이 떠오르는 것은 가난하고 어려웠던 시절에 쌀밥은 사람들이 가장 동경했던 밥이었기 때문일 것이다.

추석이 되면 철이 늦어 벼가 아직 덜 익어 흰 쌀로 찧어낼 수 없을지라도 햇곡식으로 차례를 지내고 싶은 마음에서 벼를 한 뭇이라도 베어다 털어 이를 삶아 오례쌀로 만들어 밥을 지어 차례상에 올렸다.

이것이 전통으로 이어져 벼가 잘 익어 흰 쌀을 마련할 수 있을 때도 먼저 약간의 오례쌀을 만들어 밥을 지어 차례를 지내고 먹었기 때문에 오례쌀 밥이 송편과 함께 추석의 세시 음식으로 자리를 잡게 되었다.

이처럼 추석에는 여름 동안 땀 흘려 가꾼 곡식과 과일 채소로 음식을 준비하며 돼지고기나 생선들도 마련하여 풍성한 음식으로 명절을 쇠기 때문에 '더도 말고 덜도 말고 한가위만 같아라.' 하는 말과 같이 어느 집에서나 풍성하게 장만하여 가족과 친척들, 이웃들이 서로 음식을 나누며 어울려 지내는 참으로 즐거운 명절이었다.

추석날이 되면 아침에 차례를 지내고 성묘를 마치고 나면 일가친척 집을 찾아 인사를 드리고 마을의 어른들을 찾아뵙고 이웃 간에 정을 나누기도 한다. 특별히 사람이 죽어 3년 상이 끝나지 않아 영위(죽은 사람의 혼백을 모셔 놓은 곳)가 있는 집에는 모두 찾아 위로하는 일을 잊지 않았다.

마을에서의 인사가 끝나면 끼리끼리 어울려 즐거운 시간을 갖게 되는데 대부분이 추석날 오후 중간 때쯤에서 시작되었다.

남자 어른들은 윷놀이를, 여자들은 널뛰기나 춘향이 놀이 등을 하다가 밤이 되면 남자들은 망월 보기를 통하여 소원을 빌고 여자들은 휘영청 밝은 달빛 아래서 강강술래를 하기도 하였다.

요즈음처럼 앉기가 무섭게 시작되는 고스톱 같은 화투놀이는 별로 하지 않았으며 추석날 오후에나 그 이튿날 면 단위로 또는 마을 단위로 노래자랑 콩쿠르를 열기도 하였으며 학생들이나 젊은이들은 그들이 졸업했던 학교에서 동창회나 운동회를 열어 추억을 더듬으며 우정을 다지기도 하였다.

1980년대까지만 해도 해마다 추석날 오후 두세 시쯤 이발사이신 학림어른 집에 들르면 그리운 얼굴들이 모여 윷을 놀고 있었다.

큰돈을 걸고 하는 것이 아니라 막걸리 내기라든지 요즈음 돈으로 한 판에 천 원 정도씩 걸고 윷을 놀아 그 모은 돈으로 술이나 과자 등을 사서 나누어 먹는 그야말로 친선 게임으로 하는 윷놀이이기에 나도 한 축 끼워 달라고 부탁하면 객지에 있는 사람이 왔다고 우선으로 함께 놀 수 있도록 해주곤 하였다.

아무런 부담 없이 몇 판 놀다가 어두워져 집으로 돌아오려고 하면 서로 붙잡고 자기 집으로 가서 조금 더 놀다 가라고 강권하는 바람에 밤늦게 돌아오면서 버스가 끊겨 택시를 불러 타고 온 적이 많았으며 어떤 때는 친구의 집에서 밤새도록 놀다가 이튿날 돌아오는 일도 종종 있었다.

참으로 고향의 정을 물씬 느낄 수 있는 좋은 만남이었고 훈훈한 명절이었다.

이처럼 즐겁고 좋은 만남을 이루었던 추석 명절이 도시화, 산업화가 급속도로 진행되면서 마을에서 젊은이들이 다 떠나버리고 노인들만 있는 마을이 되고 보니 이제는 고향 마을에 가보아도 같이 즐길 수 있는 사람들을 만나 볼 수가 없고 추석의 세시 놀이는 고사하고 윷 한 짝 노는 사람도 없어 쓸쓸함만 느끼게 된다.

가난한 가운데에서도 소박하나마 정성껏 준비한 명절 음식을 서로 나누며 모처럼의 만남을 반가워하며 회포를 풀었던 고향 친구들의 그 정다운 모습, 얼마나 그리운 모습들이었던가?

언제부터인가 명절이 돌아오면 고향을 찾아 자신의 뿌리를 찾으며 정다운 이웃들을 만나 정을 나누는 일보다 그 기간을 이용한 여행 상품에 더 관심을 두는 사람들이 날로 많아져 여행업계에 '명절 특수'라는 말이 생길 정도로 명절에 관해 관심이 희박하고 명절 연휴를 모처럼의 휴가 정도로 생각하는 사람들이 많음은 너무나 안타까운 일이 아닐 수 없다.

명절이 결코 먹고 마시고 즐기는 날만은 아니며 명절을 통하여 가족이 더욱 하나가 되고 조상의 음덕을 기리며 이웃과 더불어 사랑을 나눔으로 사회통합의 아름다운 기능도 한다고 볼 때 시들어가는 명절을 되살리기 위한 범국민적 노력이 절실히 요청되는 일이며 국가와 사회의 적극적인 지원도 뒤따라야 할 것 같다.

추석이면 고향에 가 그리운 얼굴들과 반갑고 기쁜 마음으로 윷 한 판 신나게 놀고 돌아왔으면 하는 마음 간절하다.

부라코네 정미소

우리 고향 마을에서 오리쯤 떨어진 북성마을 도롯가에 정미소가 있었다. 부라코네가 경영하는 정미소였다. 지금은 농협에서 미곡처리 공장을 세워 벼나 보리를 찧어 처리하기 때문에 개인이 경영하는 정미소를 찾아보기가 어렵지만 40여 년 전까지만 해도 농촌에 오리 거리마다 정미소들이 있어 인근 마을의 벼나 보리들을 찧어내고 있었다.

정미소가 없는 우리 마을에서는 가까이 있는 평촌정미소보다 거리가 훨씬 먼 부라코네 정미소를 많이 이용하였다. 이는 쌀이 깨끗하게 나올 뿐만 아니라 삯이 다른 정미소보다 싸며 사람들이 친절하기 때문이었다.

마을 사람들이 거리가 먼 관계로 마을에서 몇 집씩 모아 달구지로 가득 싣고 가서 벼나 보리를 찧어왔는데 어느 날부터인가 이틀거름으로 부라코네 정미소에서 쇠바퀴처럼 덜거덩 소리를 내지 않고 부드럽게 굴러가는 고무타이어바퀴 달린 소달구지가 마을에 들어와 벼 한 가마니라도 싣고 가서 찧어다 주었다.

그전에는 벼 한 가마니 정도는 정미소까지 오리 길을 지게에 지고 가서 찧어오거나 마을에서 소달구지를 마련하여 갈 때는 달구지 삯을 주었는데 정미소에서 정기적으로 달구지를 운행하며 사람이 직접 가지 않아도 정미소에서 알아서 찧어 집에까지 가져다주어 바쁜 농촌에서 곡식을 찧는데 품을 버리지 않으니 그렇게 편리할 수가 없었다.

부라코네 정미소는 벌써 6, 70년 전부터 고객 중심의 정미소 경영을 실천해 왔으며 정직과 근면과 성실을 바탕으로 고객 만족의 정미소가 되기 위하여 노력했던 모습을 엿볼 수 있었다. 그리고 끼니때가 되면 방앗간에 있는 사람들에게 음식 대접하는 일을 잊지 않았다.

부라코란 이름도 정미소를 경영하며 일하는 형제가 마음을 같이하여 불과 같이 일하며 발동기의 코를 눌러 시동을 걸 때 '부르릉 부르릉' 하는 소리가 새벽부터 울려 퍼지기 때문에 붙여진 이름이라고 전해지고 있음을 볼 때 그들이 얼마나 부지런히 일했던가를 짐작할 수 있을 것 같다.

우리 고장에서는 부지런히 일하는 사람을 '부라코' 같이 일한다고 말하기도 하였다.

나는 어려서부터 마을의 시정이나 사랑방에서 어른들이 부라코네 이야기를 하는 것을 많이 들었다. 모두들 칭찬하는 이야기였다.

집에서도 어머니께서 "부라코네를 보아라 얼마나 부지런하고 형제간에 우애하는…… 사람이 이렇게 부지런하고 성실해야 부자로 잘살 수 있단다. 너희들도 부라코네를 본받아라." 하시며 나와 누나에게 간혹 말씀하시곤 하였다.

그렇다. 사람이 잘사는 데에는 부지런함과 성실함이 가장 필요한 덕목일 것 같다. 지금은 근면하거나 성실하지 않은 사람도 하루아침에 갑자기 졸부라고 일컫는 큰 부자가 되는 경우가 많지만, 그 당시만 하여도 부자가 될 수 있는 길은 오직 열심히 일하고 아껴 쓰며 저축하는 길밖에 없었다.

부라코네는 새벽부터 밤늦게까지 열심히 땀 흘려 일하여 남보다 많은 돈을 벌 수 있었으며 푼돈 하나라도 아껴 저축함으로 날로 살림이 넉넉해지고 논밭을 늘려 면내에 손꼽는 부자로 자리를 잡아 갔다.

자녀교육에도 힘써 당시에 대학생은 면내에서도 그리 흔하지 않은 상황에서 모두 대학까지 공부시켜 자녀들이 훌륭한 인재로 성장하므로 남의 부러움을 사게 되었다.

자신들은 부잣집답지 않게 아주 검소한 생활을 하면서 이웃을 보살피는 데 힘써 마을과 고객들 가운데 어려운 처지에 있는 사람들을 도우며 덕을 베풀며 살았기에 많은 사람에게 귀감이 되는 부라코네로 회자되지 않았을까?

3, 40년 전까지만 해도 대부분 부자가 존경을 받으면서 살았다. 이는 부자가 되기까지 누구보다도 열심히 일하며 아껴 쓰고

모으며 무엇인가 남다른 노력이 있었기에 부자가 되었다는 사실을 사람들이 직접 눈으로 보았으며 또 그들이 남에게 베푸는 데 인색하지 않았기 때문이었다.

경주의 최부잣집이 300여 년을 꾸준히 부자로 이어올 수 있었던 것이나 운조루 고택이 수많은 전화(戰禍)에도 잘 보존되어 온 일이라든지 부라코네 집이 대를 이어 잘살고 있는 것은 그들이 항상 이웃을 배려하고 베풀며 살아온 아름다운 가풍에 힘입은 바가 크지 않았겠는가?

나는 부라코네를 생각할 때마다 우리 사회가 하루빨리 부자가 존경받는 사회로 되돌아갔으면 하는 마음이 간절해진다. 재산을 모으는 과정에서부터 부동산 투기나 무슨 허황한 재테크보다도 부라코네처럼 근검절약의 정상적인 방법으로, 그리고 점진적으로 살림을 늘려갔으면 하는 마음이다.

자식이나 손자 대에까지 편안히 살리고자 부당한 방법으로 재산을 물려주기 위하여 갖은 불법이나 탈법을 일삼는 어리석음에서 벗어나 많은 사람의 도움과 관계 속에서 축적한 부를 사회에 과감히 돌려줌으로 우리 사회가 부자와 가난한 사람이 한데 어울려 사는 사랑과 협력의 공동체로 변화되어 살맛나는 세상이 되었으면 하는 마음 간절하다.

참으로 우리나라의 모든 가정이 부라코네와 같은 부자들이 다 되었으면 좋겠다.

조금 먼 것이 흠인데

내가 어렸을 때인 1950년대에 남녀 간의 결혼은 극히 일부의 연애결혼을 제외하고는 거의 중매결혼을 하였다.

결혼 당사자인 처녀와 총각이 직접 상대방을 만나보고 결혼을 결정하는 것이 아니라 중매하는 사람의 소개에 따라 양가의 부모들이 선을 보고 여러 가지 조건들이 합당하여 결혼을 결정하게 되면 당사자인 자녀들의 의견에 상관없이 부모들의 뜻에 따라 결혼하는 것이 일반적인 현상이었다.

결혼 당사자들이 선보는 자리에 참석하여 맞선을 보는 경우도 더러 있었으나 만일 성사가 되지 않을 때는 '아무개는 맞선보고 퇴짜 맞았다더라.'라는 좋지 않은 소문이 나게 되어 결혼하는데 큰 불명예의 요소가 되기 때문에 선불리 맞선을 볼 수가 없었다.

그러기에 정작 상대방을 가장 잘 알고 결혼에 임하여야 할 신랑과 신부는 사전에 상대방을 한 번도 만나보지 못한 채 혼례 식장에서 처음으로 얼굴을 맞대게 되니 기대감보다는 '마음에 들지 않으면 어쩌지?' 하는 불안감이 앞설 수밖에 없었다.

그 당시에는 결혼의 조건이 요즈음처럼 남녀 간의 사랑이 바탕이 되는 것이 아니고 상대방 가정의 성씨를 비롯하여 살림 규모, 가풍, 학벌, 부모나 가족들의 사회적 지위 및 활동 등 주로 외형적인 조건들을 따져보고 웬만히 충족되면 결혼이 이루어지게 되었다.

이 과정에서 중매하는 사람의 역할은 가능하면 결혼을 성사시키려고 하였기 때문에 여러 가지 조건들을 약간씩 부풀리거나 때로는 엉뚱한 거짓말을 하기도 하여 중매하는 사람의 말만 믿고 결혼을 한 결과 나중에 그 거짓이 밝혀져 큰 어려움을 당하거나 결혼생활이 원만하게 이루어지지 않는 경우가 많았다.

더구나 당시에는 요즈음과는 달리 이혼이 사회적으로 금기시되었고 가문에 큰 수치로 여겨졌다. 만일 이혼을 하였을 경우에는 이혼남, 이혼녀의 꼬리표를 달고 살아가야 할 뿐만 아니라 그 가정 또한 이혼시킨 전력이 있는 가정으로 알려져 남은 자녀들의 혼사에도 좋지 않은 조건으로 작용하기 때문에 아무리 서로 마음에 들지 않더라도 이를 참아내며 살 수밖에 없었다.

사랑하기에 결혼하는 것이 아니라 먼저 결혼을 하고 사랑을 시작하는 형태이었기에 부부간의 사랑을 느끼지 못하고 심한 갈등 가운데 살아감으로 "아무개 부부는 공방(부부간에 외면하고 잠자리를 하지 않음) 들었다더라."라는 소문들이 심심치 않게 나돌기도 하였다.

이러한 결혼 풍속 때문에 일어났던 에피소드도 많이 있었으며 특별히 서로 맞지 않은 여건들을 극복하며 부부간의 포근한 사랑으로 승화시킨 부부들의 삶 이야기는 많은 사람에게 진한 감동을 주기도 하였다.

체격이 왜소하고 인물이 볼품이 없어 그의 먼 친척을 대신 선보인 후 혼례 식장에서 들통이 났으나 신부가 '내 운명인가 봅니다, 그냥 같이 살겠습니다.'라고 받아들임으로 가정을 유지했던 송암 아저씨네, 논밭 한 뙈기 없는 가난한 처지이지만 선볼 때 남의 집에서 벼 가마니를 가져다가 방 윗목에 쌓아두어 잘사는 것처럼 속여 결혼하여 나중에 그 사실을 처가 측에서 알면서도 묵인했던 N형님의 결혼, 그 밖에도 옛날의 중매결혼에는 크고 작은 일화들이 뒤따랐다.

우리 이웃 마을에 사는 L 선배의 결혼은 많은 사람에게 감동적인 이야기로 남아 있다.

L 선배는 중학교를 졸업(당시에는 비교적 높은 학력임)하고 부모님의 가업을 이어받아 농사를 짓고 있는 건실하고 유망한 청년이었으며 인물도 훤칠하여 모두 좋은 배필을 맞아 행복한 가정을 이룰 것으로 예상하였다.

그가 스물네 살 되던 해에 전문적으로 중매의 일을 하는 사람이 모든 여건이 다 좋은 편이나 한쪽 눈에 장애를 가지고 있는 처녀를 두고 있는 가정의 부탁을 받고 그의 부모를 찾아와 "좋은 규수가 있는데 아들과 짝을 맺어 주었으면 좋겠다."라고 말하며 여러 가지 좋은 조건들을 이야기하며 점잖고 순진한 그의 아버지를 설득하였다.

몇 차례 찾아와 서로 이야기를 주고받는 가운데 중매하는 사람의 달콤한 말을 곧이곧대로 믿게 된 그의 아버지가 선을 보기로 하였다.

어떻게든지 결혼만 성사시키면 쉽사리 이혼할 수 없는 점을 이용하여 "다른 것은 다 좋은데 좀 멀어서 그것이 약점이라면 약점인데 괜찮겠냐?" 묻자 그의 부모가 거리가 조금 먼 것으로 생각하고 그런 것이야 무슨 상관이 있겠느냐고 대답하였다고 한다.

얼마 후 선을 보았는데 처녀가 들어와 고개를 숙이고 눈을 지그시 감고 앉아 있자 매우 얌전하고 다소곳한 모습으로 받아들였으며 또한 몸매가 좋고 맵시가 아름답게 보여 만족감을 느껴 눈을 자세히 보지 못한 채 선을 마치고 집에 돌아왔다. 아들에게 "키도 크고 인물도 그만하면 쓰겠고 가정도 생기가 있어 보이니 그 처녀와 결혼 했으면 좋겠다."라고 말하자 아버지에게 늘 순종하던 아들이라 아버지의 뜻에 따르기로 하여 결혼을 하게 되었다.

혼례식을 구식(전통예식)으로 하였기 때문에 신부가 시종 옷소매로 얼굴을 가린다든지 눈을 감고 있는 경우가 많아 눈에 장애가 있는 것을 발견하지 못한 채 혼례식을 마치게 되었다.

밤에 신방에 들어가서야 신부의 얼굴을 자세히 보니 한쪽 눈동자가 하얗게 싸여 있어 쳐다보기가 민망하였다고 한다.

L 선배는 여러 가지로 생각한 끝에 지금은 비록 눈이 보기에

흉측하지만 앞으로 의술이 발달하면 고쳐주어야지 하는 마음을 가지고 다른 여러 가지 조건들을 생각해보니 자기보다 더 좋은 점들도 많이 있는 것 같아 불평을 억누르고 아내의 마음을 상하지 않겠다는 다짐으로 부부로서 살아가게 되었다고 한다.

처가에서 혼례 기간을 마치고 집으로 돌아오자 부모님께 "아내가 약간 눈에 문제가 있으나 앞으로 수술하면 정상적인 눈으로 회복될 것 같으니 염려하시지 말라."고 말씀드리고 가족에게 행여라도 아내의 아픈 곳은 건드리지 말 것을 신신당부하였다고 한다.

다른 사람들 같으면 이 같은 큰 사실을 알자마자 사기 결혼 운운하면서 당장 신방에서 뛰쳐나와 손해배상을 요구하며 결혼을 취소할 수 있는 참으로 엄청난 사건이었지만 자기를 희생하면서 상대방을 배려하며 부모님께서 맺어 준 아내를 소중히 여기며 살아가고 있는 L 선배의 마음 넓은 삶은 듣는 이로 하여금 코끝이 찡해짐을 느끼게 하였다.

이와 같이 선하고 따뜻한 사람이었기에 큰 복을 받아 2남 2녀의 자녀들을 두어 모두 다 좋은 재목들로 성장시켰다.

수도권에 사는 자녀가 아버지가 어머니를 헌신적으로 사랑하여 오늘의 자기들이 있기까지 낳아주고 부부가 합심하여 자신들을 정성껏 길러준 은혜에 늘 감사하는 마음으로 자신들의 곁으로 모셔 효도를 다 하고 있다는 소식이 고향에 전해지고 있다.

그러나 아내의 눈을 고쳤다는 이야기는 전해지지 않는 것으로 보아 그의 아내가 눈을 고치지 못하고 평생 눈에 장애를 가지고 살아가고 있는 것으로 여겨진다.

늘 만나는 가운데 서로 눈이 맞아 다른 조건들은 일체 무시한 채 단지 사랑한다는 이유 하나만으로 부모님이나 주위 사람들의 반대에도 불구하고 결혼을 강행하는 경우를 많이 볼 수 있다.

처음에는 잘 살다가 약점들이 보이기 시작하면 어느 날 갑자기 별다른 이혼 사유도 없이 성격이 안 맞느니 무엇이 어쩌느니 하는 하찮은 이유를 들어 헌신짝 버리듯이 이혼해버리는 경우가 많아 우리나라의 이혼율이 다른 나라에 비하여 월등히 높은 처지에 있다.

이와 같은 오늘날의 결혼 풍속도에서 부부들이 L 선배와 같은 헌신적인 결혼생활은 아닐지라도 상대방의 약점을 감싸주며 서로 이해하고 격려하며 협력하여 살아감으로 사랑과 기쁨이 넘치는 가정들로 든든히 서 갔으면 좋겠다.

다음 장날 또 만나세

우리 이웃에 사시는 금산 아저씨는 송정리 5일 장날이면 아침 일찍 왕골로 짠 돗자리 한두 닢을 무명베로 접어 만든 걸고리로 어깨에 메고 장에 가서 팔고 왔다.

비가 많이 와서 장이 서지 않는다든지 몸이 불편하다든지 하는 경우를 제외하고는 거의 빼지 않고 30리 장길, 왕복 60리 길을 걸어서 다녔다.

우리 마을에서는 송정리 장까지는 거리가 멀기도 하려니와 시간적으로도 장에 다녀오려면 하루의 품을 버려야 하기 때문에 큰마음을 먹어야 다녀오는 터였으나 금산 아저씨는 장날이면 다른 일을 제쳐놓고 꼭 장에 다녀오니 마을 사람들에겐 특이한 일로 여겨졌다.

장에서 일을 마치고 돌아온 후에 마을 사람들을 만나면 장에서 있었던 일들을 비롯하여 여러 가지 물건의 가격 동향이나 앞으로의 추세, 시장에서 들은 세상 이야기들을 전해 줌으로 마을 사람들에게 유익한 정보를 전해 주는 소식통으로 불렸다.

장날이면 술을 마시고 돌아오는 일이 많으며 어떤 때는 거나하게 취한 모습으로 집으로 돌아가니 사람들은 장날이면 술을 마시고 싶어 매장치기(장날마다 빼지 않고 다님) 한다고 비아냥하는 사람들도 있었으나 금산 아저씨가 이렇게 장날마다 빼지 않고 장에 가는 데에는 그럴만한 이유가 있었다.

금산 아저씨네는 본래 우리 마을에서 대대로 살아온 것이 아니라 10여 리 떨어진 남동마을에서 왕골을 재배하면서 살다가 자녀들을 면 중심지에 있는 초등학교에 보내고자 하는 마음에서 학교 인접 마을인 우리 마을로 이사를 오게 되어 사실상 객지 생활로 마음 한구석에 늘 외로움을 느끼면서 살게 되었으며 마을에 생질네가 살고 있기는 하였지만, 고향에 대한 향수를 잠재워 주지는 못했다.

장날 돗자리 전에 들르면 가까운 일가친척이나 고향 마을 사람들도 돗자리를 가지고 나와 팔기 때문에 정답고 낯익은 얼굴들을 많이 볼 수 있고 반가운 만남이기에 국밥집에 들어가 서로 회포를 풀며 정담을 나누다 보면 시간 가는 줄을 모르게 되었다.

그렇게 하고도 헤어지기가 섭섭하여 돌아올 때 20리 길이나 되는 가막목 삼거리까지 왁자지껄 말을 주고받으며 함께 오다가 그곳에서 서로 헤어지게 되니 얼마나 반갑고 정이 깊은 만남이 되었겠는가?

헤어지면서도 못내 아쉬운 마음을 달래지 못하여 누군가가 "다음 장에 또 만나세." 하면 "그러세." 하는 말을 주고받으리만큼 늘 만나고 싶어 하는 마음들이었다.

금산 아저씨에게 장날은 그리운 사람들과 만나 사랑을 나누는 장으로 또 다음 장까지 소망 속에 살아갈 에너지를 공급받는 날이었다.

평소에 부지런하기로 소문이나 있으며 일솜씨가 좋아 마을에서 중요한 일이나 어려운 일이 있으면 솔선하여 일함으로 마을에서 평판이 좋은 가운데 장날이 되기까지 나흘 동안 열심히 일하고 장날이면 거르지 않고 장에 다녀오니 마을 사람들도 장날은 그가 마을에 없는 날로 알고 품앗이 일도 장날을 피하여 할 정도로 장날은 그에게 소중하고 의미 있는 날로 인식되었다.

금산 아저씨가 장에 다니며 살았던 1950년대 말까지만 하여도 시골에는 이렇다 할 음식점이나 다방 등이 없어 사람들이 서로 만나 음식을 먹으며 이야기를 나눌 마땅한 장소가 없고 교통, 통신 시설이 열악하여 사람들 사이의 왕래도 오직 상대방의 집에까지 걸어가서 만나야 하니 웬만한 마음을 갖지 않고는 만남이 쉽게 이루어지지 않았다. 간혹 면 소재지에서나 남자들이 일 보러 왔다가 선술집에서 만나는 정도에 그쳤다.

그러기에 아무리 가까운 친척이라도 멀리 떨어져 살면 어쩌다가 한 번씩 만나며 더러는 수년 동안도 서로 왕래를 하지 못하고 지내는 경우가 많았다.

이러한 여건 속에서 장날은 사람들에게 좋은 만남의 기회가 되고 장소가 되었다.

당시에는 은행을 비롯한 금융기관이 대도시에나 있고 중소 도시나 시골에는 전혀 없을 뿐 아니라 이용하는 사람들도 거의 없어 생활에 필요한 돈은 오직 5일 시장을 통하여 곡식이나 가축, 그 밖의 생산품들을 내다 팔아 마련해야 하기에 아무리 장에 적게 가는 집이라도 한 달에 여섯 번 정도 열리는 장에 한 번 정도는 필수적으로 다녀와야 했다.

대부분 5일 장은 그 지역 사람들이 모여 물건을 사고파는 장소이며 필요한 돈을 마련하는 곳이기 때문에 다른 지역에서 특별한 것들을 사고팔기 위해 오가는 사람들을 제외하고는 거의 그 지역 사람들이 모이게 된다.

그러기에 같은 장을 보고 사는 사람들은 장에 나가면 서로 만날 수가 있어 꼭 만나야 할 사람이 있으면 비록 사전에 연락하지 않았더라도 몇 장 동안 아침 일찍 나가서 상대방이 사는 지역의 사람들이 장으로 들어오는 길목에서 기다리다 보면 만날 수 있게 된다.

송정리 장엔 본량, 삼도 사람들은 영광 통을, 평동이나 동곡 사람들은 역전 통을, 하남이나 비아임곡 사람들은 닭전 머리를, 서창 대촌 사람들은 뽕나무 거리를 지나게 된다.

만일 장의 입구에서 만나지 못하면 싸전이나 닭전 등 시골에서 물건을 가지고 와서 팔만한 곳에 가면 만날 수도 있게 된다.

우리 어머니께서도 20여 리 떨어져 살고 계시는 당숙모를 만나 시려고 연거푸 세 장이나 나가신 끝에 만나 서로 이야기를 나누며 전해 주고 싶은 물건을 전해 주고 오셨던 것을 볼 수 있었다.

모처럼의 만남이기에 값비싼 음식은 대접하지 못했지만, 팥죽으로 서로 요기를 하며 그동안의 소식과 정담을 나누고 돌아오셨던 것을 자랑삼아 이야기하셨다.

6·25 전쟁 직후의 교통이나 통신 수단이 거의 갖추어지지 않은 어려운 여건에서 보고 싶은 사람들을 만나보기 위하여 수 십 리 길을 멀다 하지 않고 종종걸음으로 걸어가서 만난, 참으로 다정한 사람들의 만남이었다.

거무스름한 뚝배기에 넘치도록 떠주는 선짓국에 막걸릿잔을 기울이며 따뜻한 정을 나누던 남정네들의 너털웃음 소리, 값이 싼 우뭇가사리로 점심을 때우며 속에 있는 말들을 정답게 나누던 어머니들의 모습, 지난 장에도 오셨더니 오늘 또 찾아 주시니 고맙다고 인사하며 뜨뜻한 국물로 보답하던 선술집 아주머니, 아는 사람을 만나 찹쌀을 샀더니 됫밀이 두 홉도 넘었다며 흡족해하던 광주에서 온 아주머니, 파장을 기다려 생선을 샀더니 고등어 한 손 값으로 두 손을 샀다고 자랑하는 알뜰 주부, 3여 년 만에 친구를 만나 술 한 잔 나누었더니 이렇게 기분이 좋을 수가 없다고 말하던 아저씨…… 모두가 장터에서만 맛볼 수 있는 따뜻한 만남이었다.

그러기에 더러는 별다른 장짐이 없을 때도 장 구경도 할 겸 아는 사람을 만나보고 싶어 노잣돈만 가지고 간다든지 약간의 농산물이나 가축을 가지고 가서 팔아 쓰기도 하였다.

오랜만에 만난 친구와 약장수들이 펼친 나일론극장을 구경하다가 만병통치약이라는 바람에 친구가 사면 자기도 덩달아 사버려 집에 돌아가서 가족들로부터 핀잔을 받는 일이 있는가 하면 싸전이나 쇠전, 어물전 등을 돌아보며 물가의 흐름도 살펴보며 때로는 선거 유세 같은 것도 같이 들으며 지내다가 점심이나 술을 한잔 나눈 뒤 다음에 또 장에서 만날 것을 기약하고 헤어지기도 하였다.

따뜻하고 넉넉한 인심 속에 열리는 5일 장은 만남뿐만 아니라 물가의 기준을 마련해 주는 역할도 하였다.

5일 장의 물건값을 기준으로 다음 장날까지 마을이나 지역에서 물건을 사고팔았다. 만일 지난 장의 시세로 거래하기가 마음에 내키지 않을 때는 팔려고 하는 사람과 사고자 하는 사람이 다음 장의 시세로 거래하기로 합의하고 그 시세로 거래를 하였다.

서로 친한 사이에서는 함께 장에 가서 가격을 살펴보고 조금이라도 이익을 보았다고 생각하는 사람이 술 한 잔이라도 대접하는 일을 잊지 않는 훈훈한 인심을 드러내기도 하였다.

이처럼 5일 장은 정이 깊은 사람들이 만나 삶의 애환을 마음껏 나누는 생생하고 사람 사는 냄새가 물씬 풍기는 삶의 현장이었다.

4부

더 나은 삶을 그리며

묻지 마 갑자생(甲子生)

우리 집에 동그랗고 도톰한 모양의 놋으로 된 밥그릇과 국그릇 한 벌이 있었다.

아버지의 밥그릇으로 사용하였는데 어머니께서는 이 밥그릇을 유난히 소중히 여기며 사흘 거름으로 백토로 닦아 번쩍번쩍 윤이 나게 관리하셨다.

일제 강점기 말엽 제2차 세계대전이 막바지에 이르렀을 때 군수품을 만드는데 놋이 부족하게 되자 가정에서 쓰고 있는 놋그릇을 공출의 명목으로 강탈해 갈 때 우리 집에서도 여러 가지를 빼앗기고 겨우 그 밥그릇 한 벌만 탐색의 손이 미치지 않는 잿간의 잿더미 속에 감추어 빼앗기지 않고 건졌으니 이처럼 소중히 여기셨던 것 같다.

어머니께서는 군량미를 조달하기 위한 쌀 공출에서부터 군수용품 제조에 필요한 놋을 비롯한 쇠붙이, 군용 자동차를 움직이는데 기름이 부족 하자 가정이나 학생들에게 소나무의 관솔을 채취하여 바치게 하는 일에 이르기까지 갖가지 명목의 공출 때문에 백성의 생활이 말이 아니었다는 말씀을 자주 해주셨다.

자신의 토지를 갖지 못하고 높은 소작료를 지급하면서 가꾸어 놓은 쌀은 갖가지 명목을 붙여 거의 일본으로 빼앗아 가다시피 하고 대신에 만주지역에서 생산한 옥수수나 밀 등의 잡곡을 먹고 살게 하였으며 늦은 봄이면 먹을 것이 없어 꺳묵, 비지, 송기들까지 먹고 지내리만큼 식생활이 어려웠다고 하셨다.

봄가을이면 마을 앞 신작로를 다듬는다든지 사방공사, 대청소 등 근로봉사가 많아 굶주림에 시달리고 있는 사람들에게 너무나도 힘들고 어려운 일이었다고 하셨다.

일본 천황의 생일이라든지 무슨 기념일 들을 앞두고는 가정과 마을의 대청소 날로 정하여 마을 사람들이 함께 청소하는 등 노력 봉사를 시행하고 청결검사를 시행하여 불결한 가정에 대하여는 재검사를 받게 하였다고 하셨다.

우리가 역사를 통하여 알고 있듯이 일제 강점기가 깊어감에 따라 소위 문화정책을 내세워 우리의 민족정신을 말살하고 자기들의 완전한 속국으로 만들기 위해 '내선일체'라는 미명으로 자기들의 우상인 신사 참배를 강요하며 우리 말과 글을 못 쓰게 하고 이름마저 일본식으로 이른바 창씨 개명을 하도록 하는가 하면 학교에서는 일본어를 국어책으로 사용하며 학교나 마을에서 우리말을 쓰면 벌칙을 정하여 놓고 서로 고발하도록 하였으며 우리나라 꽃인 무궁화 꽃을 '눈에 피 꽃', '부스럼 꽃'이라고 비하하여 이를 쳐다보면 눈에 핏발이 서고 몸에 닿으면 부스럼이 생긴다고 하는 등 혐오감을 조장하는데 힘쓰는 바람에 순진한 백성들이 과학적인 근거도 없는 것을 사실인 것으로 받아들여 무궁화 꽃 앞을 지나갈 때 일부러 멀리 돌아가며 눈을 질끈 감고 지나다녔던 것이다.

우리가 흔히 쓰는 소화불량(消化不良)이라는 용어도 소화불량(召和不良: 당시 일본의 천왕인 소화가 좋지 않음을 의미)과 관계 때문에 사용을 금지하는가 하면 행여라도 자기들에게 좋지 않은 영양을 줄 수 있다고 생각되는 용어들이나 사람들의 이름까지도 자유롭게 쓸 수 없도록 규제하였다.

우리 집에서도 내 이름을 집안의 항렬인 동(東)자에 따라 동립(東立)이라고 지어 불렀는데 어느 날 주재소에서 아버지를 불러 동립의 발음이 독립과 같은 '동닙'임을 빌미 삼아 독립으로 불려지는 것을 막아내기 위하여 섰던지 빨리 개명하지 않으면 처벌하겠다고 으름장을 놓는 바람에 할 수 없이 '동엽(東燁)'으로 고쳐 부르다가 해방 후에 다시 '동립'으로 부르게 되었다.

당시에는 통신 매체가 거의 없는 처지에서 뒤늦게 해방의 소식을 들은 어머니께서 '내 동립이 살았네'를 외치며 이웃들과 해방의 기쁨을 서로 나누었다는 이야기에서 자식의 이름마저 자유롭게 부르지 못하고 살았던 암울했던 모습을 실감해 보게 된다.

그런가 하면 잠을 잘 때도 동쪽으로는 발끝을 두르지 못하게 하였다. 이는 그들의 왕인 천황이 있는 일본이 우리나라의 동쪽에 있기 때문에 그쪽으로 발을 뻗는 것은 불경스러운 일이라고 여겼기에 그렇게 한 것이었다.

나는 일제 강점기를 몇 년간밖에 경험하지 않았지만 이러한 일들에 습관이 된 사람들 아래서 어린 시절을 지내서인지 해방이 된 후에도 수년 동안 눈을 감지는 않았지만, 무궁화 꽃 근처를 지나가는 것이 별로 달갑게 여겨지지 않았으며 잠을 자거나 누울 때도 습관적으로 머리를 동쪽으로 둘렀던 일이 많았다.

참으로 우리의 민족정신을 말살시키기 위하여 갖가지 수단을 동원하였음을 엿볼 수 있는 일들이다.

특별히 그들이 일으킨 태평양 전쟁의 막바지에서 이를 뒷받침하기 위한 인력이 부족하게 되자 우리나라의 젊은이들을 강제로 끌어다가 전장의 노무자로, 군수품을 비롯한 여러 가지 제조공장 또는 탄광 등에서 일을 시켰으며 일본 본토에서는 물론 작업여건이 훨씬 열악한 사할린이나 오키나와, 동남아지역의 섬들까지 보내어 강제노역을 시켰다.

'근로보국대'란 이름으로 징발을 하였는데 대부분 혈기 왕성한 젊은이들을 뽑아갔으며 특히 1924년(갑자년)에 태어난 사람들이 스무 살이 될 무렵이어서 우선으로 이들을 뽑아갔기에 '묻지마 갑자생(甲子 生)'이라는 말이 마치 유행어처럼 널리 퍼졌다.

인간의 삶의 과정에서 스무 살이 되면 성년으로 인정을 받고 사회에 진출하여 그들의 꿈을 당당히 이루어 나가야 할 중요한 시기에 전쟁터에서 전투에 참여시키거나 여러 가지 노역을 해내기에 적당하다는 이유만으로 스무 살 된 청년들을 마구잡이식으로 징발해가니 이에 해당된 청년들은 날마다 얼마나 불안하고 초조한 삶이었겠는가?

더구나 한번 끌려가면 다시 살아 돌아온다는 보장마저 없는 상황에서…….

우리 마을에서도 갑자생인 사람이 징용으로 끌려가 지금까지도 소식이 없는 상태에 있으며 또 한 사람은 전쟁 중에 죽지는 않았으나 고향에 돌아오지 못하고 일본 북해도 지역에서 살고 있다고 하며 그 전해에 태어난 우리 외삼촌 한 분도 사이판으로 끌려가셨는데 아직도 소식을 몰라 돌아가신 것으로 생각하고 제사를 지내고 있는 처지에 있다.

한편으로 일본군의 사기진작을 하고 위로하여 전쟁에서 이겨내 천황폐하에게 충성한다는 그럴싸한 명분으로 종군 위안부로 처녀들을 끌어가게 되자 딸자식을 둔 부모들에게 엄청난 부담을 주는 일이어서 아직 다 자라지도 않은 딸들을 서둘러 시집보내게 되었다.

그러기에 오늘날 90대 후반 할머니 중에는 사실상 처녀공출을 피하기 위하여 열 일고여덟 살 무렵에 심한 경우에는 열댓 살에 아직 다 자라지도 않은 딸들을 서둘러 시집보내게 되므로 인하여 행복했어야 할 삶이 역경에 찬 삶으로 인생 판도가 바뀌어 버린 경우가 허다하였다.

열일곱 살에 열 살 먹은 꼬마 신랑에게 시집와 깜밥신랑의 일화를 남기며 평생을 부부간의 사랑을 느끼지 못하고 살다가 간 우리 마을 동북할머니, 죽산마을로 열다섯 살에 시집와 이듬해 뜬금새(너무 어린 나이에 뜬금없이 태어난 사내아이)를 낳고 갖은 고생 끝에 젊은 나이에 세상을 떠났던 어린 신부를 비롯하여 많은 처녀가 결혼 적령기가 되지 못한 나이에 자신의 의사와는 상관없이 결혼했던 것을 자주 볼 수 있었다. 우리 집에서도 큰 누님을 열일곱 살에 서둘러 시집을 보냈었다.

그런 가운데에 실제로 전장에 끌려가 위안부 노릇을 함으로 꽃다운 젊은 시절을 생의 지옥에서 보내버리고 만 딸들의 원한은 80년이 넘도록 아직도 풀리지 않은 채 문제의 본질적인 해결에는 실마리마저 보이지 않은 상태에 있음은 참으로 비극적인 일이 아닐 수 없다.

제2차 세계대전의 같은 전범 국가로서 독일이 철저한 반성과 사과로 국제사회에서 신뢰를 회복하고 있는 것과는 대조적으로 일본은 그들의 잘못을 뉘우치기는커녕 그들의 침략전쟁을 합리화하는 데에만 급급해하고 있으며 전쟁의 주동자 위패를 안치하고 있는 야스쿠니 신사를 최고위층 위정자들이 참배함으로 우리나라를 비롯한 전쟁 피해국들의 원성을 사고 있는가 하면 특별히 전쟁의 피해가 가장 컸던 우리나라에 대하여 진정한 사과는 커녕 전쟁 강제 노무자, 정신대 또는 위안부에 대한 보상을 철저히 외면하고 있으며 우리나라를 강점하는 과정에서 자기 나라의 영토로 편입시켰던 독도를 아직도 자기들의 영토라고 우겨대고 있는 뻔뻔스러운 태도, 서슴지 않는 역사 왜곡, 그리고 다시 전쟁을 일으킬 수 있는 법적 근거를 마련하고자 헌법을 개정하려고 하는 등 갖은 노력을 기울이고 있는 파렴치한 모습에서 우리의 국민적인 분노가 치솟고 있는 현실이 참으로 안타까울 뿐이다.

개인의 자유나 행복한 삶이 전혀 보장되지 않은 처지에서 기본적 의무인 납세의무 자체가 지나치게 무거웠으려니와 소작농으로 살아감에 따라 지급해야 하는 소작료 그리고 종류를 가리지 않고 일본의 필요에 따라 부과되는 공출, 특별히 사람의 몸을 요구하는 근로봉사나 징용, 처녀공출에 이르기까지 그야말로 지고 일어서기조차 무거운 짐을 지고 살아온 삶, 언제 전장으로 끌려갈지 모르는 상황에서 날마다 불안과 공포 속에서 살 수밖에 없었던 젊은이들, 특별히 갑자생들의 삶을 생각할 때 측은한 마음 그지없다.

오늘날 우리가 자주독립 국가에서 법에 규정된 세금 외에는 다른 어떠한 부담도 갖지 않고 자기 소유의 토지와 재산을 가지고 마음 놓고 살아갈 수 있는 삶에 늘 감사하며 살면서 다시는 이런 어둡고 아픈 역사가 일어나지 않도록 온 국민이 항상 깨어 있어야 할 것 같다. 그리고 격변하는 국제 정세에 발맞추어 나아가야 함에 비추어 이제는 한, 일 두 나라가 불편했던 관계를 하루빨리 청산하고 선린 우호 관계로 변화 시켜 나아가는 데 함께 지혜를 모아야 할 것 같다.

헛간에 있던 변소

지금부터 6, 70년 전만 하여도 밤중에 변소에 가는 일이 매우 거북스러운 일이었다. 왜냐하면, 가정이나 마을에 전기가 들어오지 않아 달이 뜨지 않고 흐린 밤이면 유난히 어두워 앞이 전혀 보이지 않고 변소가 방에서 멀리 떨어져 있을 뿐만 아니라 그 당시에는 미신을 신봉하고 귀신이 있다고 생각하여 무서운 생각에서 그렇게 꺼리고 부담스럽게 여겼던 것이다.

더구나 무서운 귀신 이야기나 호랑이 이야기 같은 것을 들은 날이면 여자들이나 아이들은 웬만히 담이 큰 사람이 아니고는 혼자 변소에 편안한 마음으로 갔다가 오는 사람이 별로 없었다.

옛날 농촌의 변소는 용변만 보는 곳이며 수세식이 아니고 그대로 두었다가 어느 정도 채워지게 되면 물을 부어 묽게 만든 후에 똥장군에 담아 이를 지게에 짊어지고 가서 논이나 밭에 뿌려 거름으로 썼기 때문에 변기통 속을 퍼내기까지는 오물이 계속 쌓여있어 변소가 가까이 있으면 집안에 악취가 풍기기 일쑤여서 마당의 맨 가장자리에 헛간을 따로 지어 한구석에 변소를 마련하였으며 이를 측간 또는 뒷간이라고 불렀다.

변소의 구조 또한 불편하기 짝이 없었다. 비교적 넓은 공간에 부엌에서 땔감이 타고 난 재를 버릴 수 있는 잿간으로 사용하였으며 그 입구에 가늘고 긴 항아리 같은 것으로 소변 통을 놓아두고 벽에는 농기구 등을 걸어놓고 맨 안쪽에 판자나 가마니때기 같은 것으로 가리고 대변 통을 설치해 둘 정도였다.

조금 잘사는 집에서는 콘크리트 통에 두꺼운 판자를 덮고 용변을 할 수 있는 곳만 네모난 구멍을 내었기 때문에 비교적 안전한 편이었으나 가난한 집에서는 큰 항아리를 흙으로 두껍게 싸고 항아리의 주둥이에 네모난 각목이나 널빤지를 양쪽에 놓아 이를 양쪽 발로 딛고 쪼그리고 앉아 용변할 수 있도록 하였으니 처음에 앉을 때부터 조심해 앉아야지 잘못하면 똥통에 빠지는 일이 일어나기도 하였다.

또 어린애들은 아직 대변 통에 앉을 수 없기 때문에 잿간 앞부분에 대변을 보아 두면 이를 삽으로 떠서 잿간에 있는 재에 섞어 거름으로 숙성시키며 그 재 위에는 김치 우거지를 비롯하여 각종 음식 쓰레기와 외양간에서 생긴 짐승들의 배설물까지 함께 넣어 두엄으로 숙성시켰다.

그러기에 헛간 근처에만 가도 악취가 솔솔 풍기는데 대변 통에 앉아 있으면 얼마나 냄새가 진동하는지 말로써는 표현할 수 없을 정도로 구역질이 나기도 하지만 당시에 농촌에서는 농사짓는데 필요한 거름으로 두엄을 마련하는 데 별다른 방법이 없었기에 이러한 냄새를 감수할 수밖에 없었다. 그 당시에는 금비는 너무나 비싸 넉넉히 사 쓸 수 없어서 거의 모든 집에서 두엄을 만드는데 정성을 다하였다.

사람의 배설물은 물론 짐승의 오물, 부지런한 사람은 길가에 있는 쇠똥이나 개똥도 주어다가 잿간에 넣고 어떤 사람은 사랑방에서 놀다가도 소변이 마려우면 얼른 자기 집에 가서 자기 집 소변 통에 소변을 보고 다시 사랑방에 가기도 하였다.

이처럼 변소가 거름으로 쓰는 인분이나 퇴비를 만드는 기능도 하고 있어 변기와 잿간에서 나오는 냄새가 어우러져 악취가 매우 심하고 여름철이면 파리와 모기의 서식처가 되어 불결하기 짝이 없었다.

특별히 인분을 채소밭이나 논밭에 뿌려 놓았을 때는 거름기가 많아 땅이 비옥하게 되어 작물이 잘 자라기는 하지만 어느 정도 날짜가 지나 냄새가 날아가기까지는 그 근처를 지나가기가 거북할 정도로 심한 악취가 풍겼으며 만일 그곳에서 자란 채소를 날것으로 먹었을 경우에는 채소에 붙어 있는 회충이나 십이지장충 같은 기생충에 감염되어 고생하는 사람들이 많았으며 더러는 채독에 걸려 심한 빈혈에 시달리다 목숨을 잃기까지도 하였다.

여유가 있는 집에서는 신문지 같은 것을 손바닥만 하게 잘라 화장지로 사용하였으나 가난한 집에서는 볏짚을 한 다발씩 매달아 놓아 부드러운 부분인 검불을 훑어서 화장지 대용으로 쓰거나 부드러운 풀잎을 썼기에 많은 사람이 치질로 고생하는 일이 많았다. 조명시설이 되어 있지 않아 밝은 낮에도 변소에 가면 어두컴컴한데 밤에는 칠흑같이 어두워 그 집에 사는 가족들도 변소에 가려면 등불이나 손전등을 가지고 가거나 적어도 성냥불이라도 켜야 대변 통의 위치를 확인할 수 있었다.

밤중에 변소에 가는 게 불편한 일이기에 대부분 가정에서 겨울철이나 날씨가 궂은날 밤에는 방의 윗목에 요강을 놓아두고 소변을 처리하여 아침에 일어나자마자 변소에 가지고 가서 비웠다. 특별히 노인이나 어린애 또는 환자가 있는 경우에는 이를 필수적으로 사용하였으며 경우에 따라서는 대변을 받아내기도 하였다. 요강이 이처럼 소중히 쓰였기에 처녀들이 시집갈 때 꼭 갖추어야 할 혼수품 중 하나로 여겨졌다.

늘 사용하고 있는 가족들에게도 밤중에 변소에 가는 일이 이렇게 부담스러운 일일진대 손님으로 간 사람들에게는 얼마나 어렵고 힘든 일이었겠는가? 그러기에 남의 집에 갔을 때는 변소의 위치와 구조를 꼭 확인해 두어야 했으며 만일 그렇게 하지 않았다가는 밤중 같은 때에는 큰 불편을 겪기에 십상이었다.

기차역이나 버스터미널, 공원 등 공중장소에 마련된 변소는 많은 사람이 함부로 사용하는 까닭에 불결하기 이를 데 없어 안에 들어가 사용하기가 역겨울 정도로 불편한 곳이 많았으며 수량 또한 턱없이 부족하여 줄을 서서 참기가 어려워 고통스러워하는 모습을 보는 것은 어디서나 흔히 볼 수 있는 모습이었다. 특별히 대부분 마을에 공중변소가 설치되어 있지 않아 사람들이 다급한 나머지 고샅길이나 눈에 잘 띄지 않는 곳, 한적한 곳에 똥을 누어두는 일이 많아 무심코 지나다가 이를 밟아 곤혹스러운 일도 허다하였다. 가정집에서도 식구가 많은 경우에는 서로 먼저 사용하려고 다투던 모습은 TV에서나 볼 수 있는 옛날 모습만은 아니었다.

학교의 변소도 어린 저학년은 밑을 내려다보면 얼마나 깊은지 무서워서 제대로 용변을 보지 못하며 해가 기울기 시작하면 귀신 이야기 같은 공포심 때문에 자유롭게 다니지도 못하는 경우가 많았다. 특별히 공동묘지를 파내고 터를 닦아 세운 학교에서는 괴담이 나돌아 변소에 가는 일은 더욱 힘든 일이었다.

참으로 변소를 사용하기가 너무나 거북한 시절이었다. 오늘날에는 변소가 실내에 설치되고 이름도 화장실로, 과거의 WC나 Toilet에서 쉼의 공간을 의미하는 Rest Room으로 변화되고 질 좋은 화장지를 마음대로 쓸 수 있으며, 비데가 설치되어 자동으로 세척되며, 변소 시절의 악취 대신 허브향의 향기로운 냄새로, 헛간으로 사용하던 불결한 공간이 욕실과 몸을 꾸미며 가꾸는 아늑한 생활공간으로 탈바꿈하였으니 이 얼마나 복된 삶인가?

공중화장실도 깨끗하고 쾌적하게 잘 정비되어 있어 어느 곳에 가든지 별다른 불편 없이 사용할 수 있으니 이 또한 얼마나 편리한 삶인가?

변소 시대를 살았던 사람들에게 변소는 많은 애환과 추억을 남겨 주었으며 오늘날과 같이 편리한 화장실의 문화에서 변소를 경험하지 못한 사람들보다 더욱 큰 감사를 느끼며 살아가고 있을 것 같다.

이 잡기 작전

젊은이들이나 아이들에게 '이'가 무엇이냐고 묻는다면 그 말 자체를 이해하지 못하는 사람들이 많을 것이다.

이는 사람의 몸에서 피를 빨아 먹고사는 해충으로서 주로 겨울철에 많이 번식하며 사람의 몸에 늘 붙어 있는 것이 아니라 속옷의 솔기 등 깊숙한 곳에 붙어 있다가 먹이를 먹을 때만 사람의 몸으로 기어 나와 피를 빨기 때문에 피를 빨 때는 아플 정도로 따끔하고 간지러워 그곳을 긁지 않고는 견디기 힘들 정도로 고통을 느끼게 된다.

오늘날에는 질 좋은 살충제가 많기 때문에 설령 이가 몸에 들어오더라도 금방 박멸시킬 수 있으며 옷들이 소재가 얇고 솔기가 좁아 이가 붙어살만한 공간이 없어 사람의 몸에 들어와 살고 싶어도 붙어 있을 곳이 없어 우리 몸에 꾀지 못하게 되었다.

그러나 6. 70년 전만 하여도 별다른 살충제가 없고 속옷을 무명베로 만들어 솔기가 넓고 두터워 이가 붙어살기에 알맞은 조건인 데다 겉옷이나 속옷이 거의 단 벌이거나 두어 벌에 불과하여 자주 갈아입지 않으니 이에게는 그야말로 최적한 생육 환경이 되었다.

더구나 이는 번식력이 강하며 이동하는 속도가 빨라 속옷을 깨끗한 것으로 갈아입고 쾌적한 가운데 지내더라도 이를 지닌 사람과 접촉하다 보면 어느새 자기 옷 속으로 들어와 금방 많은 숫자로 번식하여 사람을 괴롭게 한다.

그러기에 가족이 모두 옷을 갈아입고 깨끗한 가운데 있을지라도 한 사람이라도 이가 남아 있거나 다른 곳에서 묻혀온 사람이 있으면 순식간에 온 가족으로 퍼져 다 같이 고생하게 되니 겨울철이면 가족이 모여 이를 잡는 시간을 갖는 것이 일과 중의 하나로 잡혀 있는 경우가 많았다.

흔히 무슨 일을 정성껏 철저히 할 때 '이 잡듯이 꼼꼼히 한다.'라는 말을 쓰는 것처럼 이를 잡을 때는 한 마리도 남김없이 잡아야 하며 아직 이로 변화되지 않은 서캐 하나라도 남겨두면 이것이 나중에 이로 태어나 크게 번식하여 버리기 때문에 반드시 완전히 제거하지 않으면 안 된다.

이는 따뜻해지면 밖으로 나오는 특성이 있으므로 방 안이 따뜻해지면 겉옷 밖으로 나오는 경우가 더러 있으며 만원 버스나 전차를 탔을 때도 간혹 옷 밖으로 나와 북북 기어 다님으로 사람들이 당황해하는 모습을 흔히 볼 수 있었다.

이를 잡을 때는 이러한 속성을 이용하여 속옷의 솔기 부분을 호롱불이나 화롯불 위에 가까이 대면 이가 기어 나와 화롯불에 떨어져 톡톡 튀면서 죽기도 하며 밖으로 나온 이를 양쪽 엄지손톱 사이에 넣고 누르면 툭 터지면서 죽게 된다.

여러 마리를 죽이다 보면 손톱이 온통 핏물로 젖어지게 되어 손톱을 걸레로 닦아낸 후 다시 잡아 같은 방법으로 잡아 죽이기를 계속한다. 이를 죽이고 나면 서캐를 죽이는데 서캐는 움직이지 않고 옷의 솔기 밑에 꼭 붙어 있기 때문에 잡아서 죽이는 것이 아니라 그 자리에 놓아둔 채 양손의 엄지손가락 손톱으로 서캐를 사이에 넣고 눌러 죽이는데 한꺼번에 여러 마리를 죽이기도 한다.

솔기의 안쪽 깊숙이 들어가 있어 손톱으로 문질러 죽일 수 없는 경우에는 솔기를 접어 차근차근 이(이빨)로 꼭꼭 깨물어 그 속에 들어 있는 이와 서캐를 죽이면 이 잡기의 과정을 마치게 되나 그래도 안심이 되지 않으면 솔기 부분을 호롱불에 대고 서캐를 태워 죽이기도 하였다.

1960년대 초반 내가 군 생활을 할 때도 한 주일에 두어 번씩 잠자기 전에 '이 잡기 작전'이란 시간을 두어 모두가 속옷을 뒤지면서 이를 잡고 살충제를 뿌리는 등 다각적인 노력을 기울임으로 피해를 줄이는 데 큰 성과를 거두었다. 그러나 며칠이 지나고 나면 어떻게 들어왔는지 또 이가 생겨 고통을 호소하는 병사들이 많이 생기곤 하였다.

이가 따뜻한 곳을 좋아하기에 부대의 막사에서 병사들이 생활할 때에 페치카(나무를 태워 피우는 난로) 근처가 따뜻하다 보니 이 잡기 작전이 끝난 지 2, 3일밖에 지나지 않았는데도 그동안에 늘어난 이들이 병사들이 잠자는 동안 따뜻한 곳으로 대이동이 진행되어 페치카에서 멀리 떨어진 병사의 몸으로부터 재빠른 속도로 이동하여 바로 페치카 옆에서 자는 병사들의 몸으로 집중적으로 모이게 된다.

밤새 가렵고 따가워 잠을 설친 병사들이 아침에 일어나 내복 차림으로 밖으로 뛰쳐나왔는데 이가 어떻게 많이 붙어 있던지 손으로 일일이 잡아낼 수가 없어 그 병사들을 세워 놓고 빗자루로 쓸어내게 되었다.

특히 페치카 바로 곁에서 잠을 잤던 K 일병의 쑥색 내복에서는 많은 이들이 한꺼번에 땅바닥에 떨어져 북북 기어 다니는 모습이 보는 사람을 소름 끼치게 하였다.

이는 사람의 옷에만 붙어서 사는 것이 아니라 머리에도 붙어서 살아가고 있는 데 이를 머릿니라고 한다. 남자들은 머리카락이 짧아 꾀지 못하나 여자들은 긴 머리이기 때문에 머릿니가 많았다. 옷에 붙어사는 이가 대부분이 흰색인 데 반하여 머리에 붙어사는 이는 거무스름하여 눈에 잘 띄지 않을 뿐 아니라 자신의 머리를 잘 볼 수 없어 이를 잡을 때도 손으로 직접 잡을 수가 없다.

그러기에 참빗으로 가려운 곳을 빗어내려 이나 서캐가 나오면 한 손의 엄지손가락 손톱으로 눌러 죽이지만 머리에 꼭 붙어 있는 이나 서캐는 참빗으로 완전히 잡아낼 수 없어 깨끗이 잡아내려면 남의 도움을 받을 수밖에 없었다.

그러기에 한가한 시간에는 어머니가 딸들과 머리를 참빗으로 빗고 손으로 머리카락을 젖혀가면서 서로 이를 잡아주는 모습을 흔히 볼 수 있었다.

농촌에서 자라고 있는 어린이들은 부모들이 농사일에 바빠 머리를 자주 감겨주지 못하고 머릿니도 잘 잡아주지도 못하여 이가 득실거리고 서캐가 많아 머리가 간지러워 머리를 긁느라고 공부에 집중할 수 없으리만큼 많은 지장을 받기도 하였다.

여자들의 경우 머리를 날마다 감는다든지 자주 빗고 손질을 하면 머릿니의 번식을 어느 정도 막을 수 있다.

그러나 겨울에 머리를 감으려면 솥에 물을 부어 나무 땔감으로 불을 지펴야 하는데 밥을 지어 먹고 난방을 하는 데에도 땔감이 부족한 형편에서 머리를 감기 위하여 군불 때는 일이 별로 없었기에 겨울철이면 큰마음을 먹어야 물을 끓여 머리를 감을 수 있었다.

당시에 초등학교 아이 중에는 머릿니가 없는 아이들이 거의 없고 심한 아이들은 살아있는 서캐나 이가 나오고 남은 서캐 껍질이 머릿결에 하얗게 달라붙어 있는 경우가 많았는데 너무 꼭 붙어 있어 손으로도 잘 뗄 수 없을 정도였다.

이처럼 몸이나 머리카락에 붙어서 살아가는 이 때문에 많은 고통을 당하면서도 별다른 살충제가 없고 속옷을 자주 갈아입지 못하며 머리마저 마음대로 감을 수 없어 할 수 없이 참고 견디며 살아야 했다.

한창 밝고 귀엽게 자라나야 할 아이들이 머릿니 때문에 머릿속이 가려워 긁느라고 공부도 제대로 하지 못하던 안타까운 모습이 먼저 떠오르는 것은 향기로운 머리칼 냄새를 은은하게 풍기며 자라나는 요즈음의 깔끔한 아이들의 모습과 너무나 대조가 되기 때문인 것 같다.

어려웠던 시절, 그렇지 않아도 영양이 부족하고 허약한 체질에서 이에게 피를 빨리며 살아갈 수밖에 없었던 사람들의 모습을 생각하면 한없는 연민의 정을 느끼게 된다.

어떻게 가꾼 것들인데

얼마 전 초등학교 동창 모임에서 시골에서 살다가 도시로 이사와 사는 친구의 이야기를 귀담아들은 적이 있다.

그는 고향에 두고 온 논 너 마지기를 다른 사람에게 세를 주어 농사를 짓게 하였으나 세를 너무 적게 주고 또 그의 논을 경작하는 것을 별로 탐탁하게 여기지 않아 4년 전부터 자기가 직접 농사를 지어 마을 앞에 있는 건조장에서 말려 쌀로 찧어오곤 했다고 하였다.

지난해에도 벼를 건조장에 널었다가 조금 덜 말라서 다음날 다시 말릴 생각으로 가마니에 담아 그물 포장을 덮어 쌓아두었는데 아침에 나가보니 몽땅 없어져 버렸다고 했다.

지금까지 농촌에서 볏단을 논에 두거나 마을의 공동 건조장에서 말리거나 심지어는 아스팔트 도롯가에 말리다가 쌓아 둔 벼 가마니도 전혀 손대는 사람이 없었기에 아무런 생각 없이 그냥 쌓아두었다고 한다.

그런데 바로 집 앞에 있는 건조장에 쌓아 둔 벼를 차 때기로 가져가 버렸는지 타이어 자국만 선명하게 남긴 채 가져가 버리는 참으로 생각지도 못한 일을 당하고 보니 황당하기 그지없더라고 하였다.

봄에 못자리 만들기부터 가을에 추수하기까지 구슬땀을 흘려 가며 갖은 고생 끝에 20여 가마니를 수확하여 자녀들을 비롯한 여러 사람의 몫으로 정해놓은 벼를 한 가마니도 남기지 않고 몽땅 잃어버렸으니 그의 마음 오죽하였으리오.

어떻게 서운하든지 마치 애지중지하는 자식을 잃어버린 부모의 마음처럼 늘 눈에 밟혀 잊을 수가 없다고 깊은 한숨을 쉬며 하소연하는 모습이 그렇게 짠해 보일 수가 없었다.

사실 한 톨의 쌀을 생산하기까지는 쌀 미(米:八 十 八) 자에서 보듯이 여든여덟 번의 손이 가야 할 정도로 노력을 기울여 거둬들인 벼를 하룻밤에 그것도 가장 안전하다고 믿고 사용하던 공동 건조장에서 잃어버렸으니 그의 마음의 상처를 헤아릴 수 있을 것 같았다.

그날 밤 우리들의 모임은 너무나도 변해버린 세상의 모습과 농심을 멍들게 하는 것들에 대한 성토의 장이 되고 말았다.

농업은 농민 상호 간의 협업과 상생의 아름다운 관계에서 이루어지는 산업이다. 도시의 상업이나 다른 직업들과는 달리 서로의 농사가 잘되기를 기원하며 품앗이를 하면서 가꾸어 온 가운데 수확의 기쁨을 나누며 살아왔다.

한여름 곡식들이 잘 자라 가을철에 수확을 앞두게 되면 같이 일한 사람들이 삼삼오오 모여 탐스럽게 자란 결실들을 바라보면서 같이 일하며 땀 흘렸던 공을 서로 상대에게 돌리며 품평회를 하기도 하였다.

그동안의 고생을 서로 위로하며 더 좋은 농사를 위하여 서로 격려하는 모습은 진정 아름다운 농심에서 우러나온 진솔한 마음들이 아니겠는가?

이렇게 아름다운 마음에서 온갖 정성을 다하여 가꾸어낸 농작물들이기에 마을 사람들은 물론 도회지나 객지에 사는 사람들에게도 농작물의 소중함이 마음에 새겨져 있기에 함부로 다루지 않았다. 학교에서 소풍 갈 때도 '농작물에 손대지 않기'가 주의사항으로 빠지지 않았다.

그리고 남이 가꾸어 놓은 작물을 손대거나 도둑질하는 것은 천벌을 받는다는 인식 속에 살고 있어 수확한 것을 어느 곳에 놓아두어도 손대는 일이 전혀 없었으며 혹시 누가 남의 농작물에 나쁜 마음을 가지고 손을 대면 씻지 못할 큰 죄를 지은 것으로 여겼다.

농사를 짓는 과정부터 수확과 저장에 이르기까지 순수한 마음으로 살아온 사람이기에 농사짓기를 한다든지 외출할 때에도 대문을 잠그지 않고 방문마저 활짝 열어 놓은 채 나갔다가 돌아와도 아무런 이상이 없었다.

혹시 집을 비운 사이 그 집에 전할 물건이 있을 경우에도 귀중품이 아니면 마루나 방안에 놓아두고 오면 되었다.

이처럼 순박하고 평안했던 농촌이 이제는 대문을 잠그고 살아야 하며 애써 가꾸어 놓은 농작물을 수확 시기에 또는 갈무리 과정에서 마음 놓고 놓아두거나 아무 곳에나 함부로 두고 살지 못하는 세상이 되었으니 세상이 변해도 너무나 변해 버린 것 같아 안타깝기 그지없다.

그토록 땅을 사랑하고 작물 하나하나를 자식을 기르는 심정으로 심고 가꾸며 좋은 열매를 맺기 위하여 구슬땀을 흘려가며 오랜 참음과 정성 속에서 거두어 놓은 농산물을 땀 한 방울 흘려보지 않은 더러운 손들이 함부로 손을 대다니 그것도 차 때기로…….

천벌을 받아야 마땅한 불한당(不汗黨)들이 아닌가?

어떻게 가꾼 것인데…….

밥상머리 가르침

내가 어렸을 때 밥을 먹으면서 어머니께서 누나와 나에게 때때로 해주시던 말씀이 늘 생각나곤 한다.

열심히 일하며 아껴 쓰고 저축하여 부자가 된 부라코 아저씨 이야기를 비롯하여 먹을 탐이 심하여 다른 사람들이 함께 음식 먹기를 꺼린다는 점수 아저씨, 어려서부터 사탕 사 먹기를 좋아하더니 늙어서도 군것질 때문에 이웃 사람들로부터 손가락질을 당하고 있는 송 씨 아저씨 이야기, 이웃과 나누어 먹기를 좋아하더니 평생을 남에게 베풀며 살아가고 있는 선암 외숙모 이야기 등 우리가 앞으로 살아가는 데 참고가 되는 이야기들을 늘 해주셨다.

그 가운데에서도 점수 아저씨 이야기는 우리 남매에게 큰 가르침을 주었다. 점수 아저씨는 다른 사람과 음식을 먹을 때 다른 사람을 전혀 생각하지 않고 자기가 먹고 싶은 것을 혼자서 먼저 통째로 다 먹어버리는 잘못된 식습관이 있었다고 한다.

모내기하면서 못밥을 먹을 때에도 평소에 식탁에서 구경하기가 힘든 석화젓(생굴젓)을 일하는 사람들에게 맛을 보이고 싶어 조그마한 종지기에 담아 내놓았는데 이 귀한 젓갈을 보자마자 그릇째 들어 자기 밥그릇에 몽땅 부어 버리는가 하면 자기 입맛에 맞는 반찬만 남의 눈치를 보지 않고 얼른 먹어 버렸다고 한다. 이런 무례한 일 때문에 한 상에서 밥을 먹던 다른 사람들은 귀한 음식을 맛도 보지 못하게 되는 일이 많았다.

다른 곳에서도 그의 잘못된 버릇을 버리지 않고 계속 그렇게 먹어버리는 바람에 소문이 나게 되어 마침내 다른 사람들이 그와 함께 밥이나 음식을 먹기를 꺼려하게 되자 뒤늦게나마 자신의 잘못된 식습관을 고치려고 노력을 하였지만, 몸에 밴 습관 때문에 잘 고쳐지지 않아 애를 먹었다고 한다.

이와 같은 이야기를 하시면서 어머니께서는 남과 함께 음식을 먹을 때는 다른 사람보다 먼저 먹지 말 것과 귀한 음식이 나오면 음식의 양과 사람의 수를 비교해보고 내 몫이 얼마나 되겠는가를 생각해보고 절대로 자기 몫 이상은 먹어서는 안 된다고 힘주어 말씀하셨다.

그리고 우리가 밥을 먹으면서 김치라든지 평상시에 먹는 반찬을 먹을 때는 별다른 말씀을 하지 않으시나 모처럼 장만한 음식에 대하여는 되도록이면 자기 몫 정도만 먹을 것과 밥풀 하나라도 허투루 버리지 않을 것을 강조하셨다.

이런 어머니의 관심 아래 길러진 식습관 때문에 나는 다른 사람과 식탁을 같이 할 때 내가 훨씬 나이가 많은 경우를 제외하고는 먼저 음식에 손을 대지 않고 있으며 특색 있는 음식이 있으면

내 몫이 얼마 정도인가를 먼저 생각해보는 기본적인 식사예절을 익히게 해주었다.

그밖에도 어머니께서는 우리가 잘못한 일이나 고쳐야 할 일들이 있을 때는 처음 한두 번은 부드럽게 말씀하시다가 잘 고쳐지지 않을 때는 밥을 먹는 동안에는 참으셨다가 먹고 난 다음에 따로 불러 눈물이 쏟아질 정도로 나무라시면서 타이르셨기에 우리 가족의 식탁은 어머니에게 자녀교육의 좋은 자리가 되었다.

우리가 어렸을 때 식사 시간에는 온 가족들이 한 상에 둘러앉아 식사하였다. 3대나 4대가 모여 사는 가정에서는 웃어른들에게는 따로 상을 놓아 잡수시게 하였으며 부모와 자녀들만 사는 가정에서는 큰 상을 놓아 온 가족이 한 상에서 밥을 먹었다.

가족 중에서 특별한 사정이 있는 가족을 제외하고는 온 가족이 함께 모일 유일한 기회이고 보니 이 시간이 가족들 간에 사랑을 나누며 대화가 이루어지는 좋은 만남의 장이 되었던 것이다.

식생활에 여유가 없던 시절이라 한 사람이라도 빠지는 경우에는 따로 상을 차리기가 불편할 뿐만 아니라 반찬이 부족하여 차릴 수도 없기 때문에 되도록이면 가족들이 같이 식사를 하게 되었으며 식사 시간이 되면 부득이한 경우를 제외하고는 하던 일을 멈추고 같이 식사를 하는 것이 가족 간의 약속처럼 지켜졌다.

농사일을 비롯한 가족들의 일이 바쁘다 보니 가족이 모일 수 있는 시간을 따로 마련하기가 어렵기 때문에 웬만한 이야기들은 밥상머리에서 이루어지며 특별히 부모들이 자녀들에게 가르치고자 하는 일들을 이 자리를 이용하여 가르치곤 하였다.

옛날에 우리 조상들은 자녀들을 어려서부터 조백(皁白) 있는 자녀들로 기르기 위하여 아버지나 성년이 된 식구들은 할아버지와 겸상을 하지 못하나 어린 손자들은 할아버지와 함께 식사할 수 있도록 하여 같이 식사를 하면서 예의범절을 비롯하여 여러 가지 생활 규범을 가르치는 이른바 '밥상머리 교육'에 힘써 좋은 후손, 좋은 가풍을 이어나가는 데 힘썼다.

당시에는 사회 구조가 가부장적인 사회이고 가정에서도 아버지의 권위가 절대적이었으며 장유유서의 질서가 사회의 윤리로 존중되고 있었기에 가족이 한 상에 둘러 식사를 하는 과정에서 자녀들에게 다소 무리가 되는 지도나 개선을 요구할지라도 자녀들이 이를 긍정적으로 받아들이려고 힘썼다.

심하게 꾸중을 하는 경우에도 눈물을 흘리며 억지로라도 밥을 먹었으며 요즈음처럼 부모의 말끝에 대든다든지 자리를 박차고 일어나는 일은 거의 찾아볼 수 없는 일이었다.

마을에서도 어른들의 지도나 충고 또는 권고를 젊은이들이 잘 받아들였으며 어른들 앞에서 담배를 피운다든지 술을 마시고 추태를 부리는 일은 별로 찾아볼 수 없었다.

이는 가정에서 밥상머리 교육을 비롯하여 자녀들의 예절교육에 특별히 관심을 가지고 지도하고 있기에 마을에서도 어른들을 공경하며 공중도덕을 지키는데 힘쓰는 삶이 몸에 밴 까닭이었다.

요즈음 TV나 여러 가지 매체를 통하여 비치는 가정의 모습에서 밥상머리 교육의 모습을 별로 볼 수 없으며 가족끼리 밥을 먹다가도 조금만 비위에 상하면 식탁을 차버리고 일어서는 모습들을 볼 때면 '저건 아닌데' 하는 생각이 들 때가 많음은 나만이 갖는 아쉬움이 아닐 것 같다.

특별히 자녀들이 무언가 불평을 토로하면서 일어설 때 안절부절못하는 부모들의 모습을 바라보노라면 부모의 권위를 잃어버리고 아이들에게 끌려 살아가고 있는 오늘의 나약한 부모상을 보고 있는 것 같아 마음 씁쓸함을 느껴보게 된다.

어려서부터 자녀들에게 마땅히 해야 할 것과 해서는 안 될 일을 분별하여 밥상머리에서 꾸준히 교육하였더라면 이렇게 버릇없는 자녀들이 되지 않았을 것으로 생각될 때 학력 위주의 조기교육에 앞서 바른 삶을 위한 조기 인성교육이 선행되어야 함을 잘 말해주고 있는 것 같다.

심리학자나 교육학자들의 말에 의하면 사람의 기본적인 인성이 대여섯 살 안에 거의 자리 잡게 된다고 하는 것을 볼 때 아이들이 어렸을 때부터 인성교육에 힘쓰는 것이 부모의 큰 책무일 것 같다. '세 살 버릇 여든까지 간다.'라는 속담도 거저 생긴 말이 아닐진대……

기차나 버스 안에서 또는 공공시설에서 너덧 살 먹은 어린애가 떠돌아다니거나 괴성을 질러 많은 사람에게 불편을 주고 있을 때가 더러 있다.

누군가가 아이에게 자제할 것을 말하면 그의 부모가 미안해하는 마음보다 아이의 기를 죽인다고 항의하는 모습을 심심찮게 볼 수 있는데 이는 현재의 상태만을 중시하는 단견적인 생각이라는 것을 깨달아야 할 것 같다.

아이가 진실로 기를 펴면서 살아가려면 적어도 알아야 할 것은 알고 지켜야 할 규범은 지키며 남과 더불어 살아갈 수 있는 역량이 길러졌을 때 자신감을 가지고 살아갈 수 있음은 두말할 나위도 없을 것이다.

아이들의 기를 살려준다고 어려서부터 제멋대로 하는 것을 눈감아 주거나 나아가 이러한 행동을 조장시켜 주는 데만 힘쓴다면 나중에 자라서 그 아이가 어떻게 되겠는가?

지혜로운 부모라면 "얘야, 할아버지께서 조용히 하라고 말씀하시지 않아, 여러 사람이 있는 곳에서는 떠들거나 돌아다니면 안 되는 거야, 알겠지?" 하고 이런 장면을 아이의 행동을 수정하는 기회로 삼았다면 좋았을 텐데……

오늘날 핵가족의 사회에서 귀여운 자녀들이 바른 인성을 함양하면서 자라나게 하는 것은 무엇보다도 중요한 일이며 부모들이 감당하여야 할 우선적인 책무가 아닐까?

이를 위하여 가족들이 한 상에 둘러앉아 함께 밥이나 음식을 먹을 기회를 되도록 많이 마련하여 서로 대화하며 사랑을 나누는 가운데 때로는 '밥상머리 교육'도 활발하게 이루어져 자녀들이 더 예의 바른 사람들로 자라남으로 우리 사회가 동방예의지국의 명성을 되찾는 날이 하루빨리 왔으면 하는 마음 간절하다.

땅값이 뭐기에

1950년대에는 논 한 마지기(200평)에 벼 서너 섬 정도(현 시가 100만 원 이하)에 거래하였다.

60년대 중반 맥주가 처음으로 대중화되기 시작할 무렵에는 맥줏값이 비싸 한 병 마시면 논 한 평을 마신다고 말하면서 맥주 마시는 것을 죄스럽게 여겼던 것이 생각난다.

요즈음 상식으로는 쉽사리 상상되지 않는 일이겠지만 산업화, 도시화 이전에는 땅값이 매우 쌌고 그 가격도 토지의 비옥도에 따라 토지가 비옥하여 소출이 많이 나는 논이나 밭은 가격이 비싸고 소출이 적은 메마른 땅은 가격이 매우 쌌다.

농토의 위치에 상관없이 땅이 기름지고 소출이 많은 농토는 옥토로 알려져 거래가 활발하고 메마른 박토는 팔려고 내놓아도 살 사람이 없어 헐값에 거래되고 마는 경우가 많았다.

그도 그럴 것이 그 당시에는 벼나 보리의 품종이 개량되지 않고 농업기술도 발달하지 못하여 좋은 논이라야 한 마지기에 쌀 2가마를 수확하면 많이 수확한 편이며 메마른 논에서는 한 가마도 수확하기가 어려웠다.

그러기에 비옥한 토지에는 사람들의 관심이 많고 메마른 토지는 '녹두밭 윗머리'니 '메뚜기 이마빡'이니 하는 말로 소문이 나서 관심을 두는 사람이 별로 없었다.

그런데 80년대에 접어들어 산업화가 급속히 추진되면서 주택단지 조성, 공장건설, 도로건설 등에 농지를 비롯한 토지가 수용되거나 그 주변에 있는 땅은 값이 천정부지로 오르게 되고 소위 절대농지로 남아 있는 토지나 개발제한 구역 안에 들어 있는 토지는 제자리걸음을 하게 되어 가격을 비교할 수 없으리만큼 큰 격차가 나타나게 되었다.

해마다 발표되는 토지 공시 가격에서도 한 평에 비싼 곳은 수백만 원을 호가하는 토지가 있는가 하면 싼 곳은 불과 몇만 원이나 심지어 몇천 원밖에 되지 않는 토지도 있다. 같은 농지도 수도권이나 도시 주변에 있는 것과 농어촌의 것은 너무나 차이가 있어 발표할 때마다 늘 씁쓸함을 느끼는 사람들이 많았다.

옛날에 문전옥답이나 소출이 많아 양석지기 논(한 마지기에 쌀 2가마를 생산하는 비옥한 논)으로 알려진 토지는 별다른 인기가 없고 아무리 메마르고 쓸모없는 땅이라도 개발의 혜택을 받은 토지는 하루아침에 엄청난 보상을 받거나 값비싼 땅으로 변화되어 버렸으니 농촌에서 묵묵히 농사만 짓고 살아온 농민들의 상대적인 허탈감은 얼마나 컸겠는가?

과거에는 농촌에 살더라도 땅값이 도시와 큰 차이가 없어 언제든지 마음만 먹으면 별다른 부담 없이 도시로 진출할 수 있었다. 논밭 몇 마지기만 팔아도 도시에 집 한 채 정도는 사고도 남았으며 농작물의 품종개량과 농업기술의 발달로 한 마지기에 2가마도 나지 않던 논에서 너댓 가마씩 수확을 올리고 있어 상당한 자부심과 보람을 가지고 살아왔다.

그러나 이제는 가지고 있는 전답을 모두 팔아도 도시 주변에 농토를 마련하여 살기는커녕 변변한 집 한 채도 살 수 없는 처지들이 되고 말았다.

80년대 중반에 광주 주변에 공업단지가 조성되면서 토지가 수용되자 우리 고향 마을에 이주해온 사람이 있었는데 터가 약간 넓은 허름한 슬레이트집 한 채와 농토 9마지기의 보상금으로 우리 마을에 양옥집을 짓고 논 20마지기와 밭 4마지기를 사고도 남아 넉넉하게 살게 되었다.

전에 살던 곳에서 농사짓고 살 때는 빈농에 채소 농사나 지으면서 근근이 살던 사람이 갑작스러운 땅값의 폭등으로 일약 부자가 되어 떵떵거리고 사는 것은 본인에게는 큰 복이 되었을 줄 모르지만, 우리 마을 사람들에게는 부러움의 대상이 되기도 하였지만, 빈곤감과 좌절감을 안겨주는 일이었다.

더구나 그 사람이 졸부의 경지를 벗어나지 못하여 늘 자기가 복 받은 사람이라느니 이 마을 사람들은 평생 살아도 자기와 같은 복은 받을 수 없을 것이라느니 하면서 거드름을 피우면서 살았다.

자가용이 그리 흔하지 않은 때였지만 배기량이 꽤 큰 승용차를 굴리면서 마을 사람들과 잘 어울리지 않고 살다가 농촌에 오래 살면 손해라고 말하면서 우리 마을의 농지 값이 약간 오르자 재빨리 정리하여 개발이 예정되어있는 지역으로 이사 갔단 이야기를 들었다.

이러한 좋지 못한 풍조가 젊은 사람들에게 이어져 20대의 청년들이 부모들의 땅값이 갑작스럽게 오르자 마치 자기 돈 인양 돈 귀한 줄을 모르고 함부로 쓰며 일은 하지 않고 놀고먹으며 소위 한탕주의에 빠져있는 경우를 많이 볼 수 있어 많은 사람이 걱정하는 것을 볼 수 있었다.

1990년대 후반에 당시 공단 근처의 학교에서 근무하던 친구에게 들은 이야기는 너무나 황당하고 천박한 일이었기에 지금도 잘 잊히지 않는다.

어느 가을날 오후에 여남은 명의 청년들이 오토바이의 굉음을 울리면서 학교로 들이닥치더니 오토바이를 등나무 그늘에 세워두고 축구공을 가지고 슛팅 연습을 하고 있기에 나가보았더니 그중에 대표인듯한 청년이 "우리, 한편에 다섯 번씩 볼을 차 넣기로 하였으니 편리를 봐주면 좋겠다."라고 말하기에 "지금은 수업 중이라 허락할 수 없으니 5시 이후에 와서 찼으면 좋겠다."라고 하였다고 한다.

그러자 "다섯 명씩 각자 땅 한 평씩 걸고 하는 중요한 시합이니 한 번만 봐주라."라고 사정하였으나 수업 중이고 또 괘씸한 생각이 들어 완강히 거절하였더니 눈을 부릅뜨며 "공찰 데가 여기뿐이냐, 다른 데로 가보자." 하면서 투덜거리며 오토바이 페달을 팍 차고 달려가더라는 것이다.

이 얼마나 상식 밖의 일인가? 세상에 아무리 돈이 흔하다고 하더라도 공 한번 차는데 땅 한 평(당시 60만 원 정도)씩 한편에 다섯 명이 300만 원을 걸고 슈팅을 하다니 건전한 상식으로는 도저히 이해가 가지 않는 일이다. 그것도 어린 학생들이 공부하고 있는 시간에…….

선진국에서는 자녀들의 올바른 경제교육을 위하여 부잣집에서도 아이들이 철들 때가 되면 아이들 스스로 용돈을 벌어서 쓸 수 있도록 알맞은 일을 시켜 돈의 소중함과 노동의 신성함을 깨닫도록 하며 정당한 소득으로 떳떳하게 살다가 인생의 말년에는 사회에 환원하는 것을 미덕으로 삼고 살아가는 모습을 우리나라에서도 본받아야 할 것 같다.

그리고 땅값이 하루빨리 안정되고 개발지역에 대하여는 개발이익을 과감히 환수하여 공익사업에 쓸 수 있도록 함으로써 땅 투기를 비롯한 부동산 투기가 뿌리 뽑혀 이 땅 위에 졸부들이 생겨나지 않고 열심히 일하는 사람들이 대접받으며 잘사는 공의로운 사회, 진정으로 온 국민이 고루 잘 사는 세상으로 거듭났으면 좋겠다.

뫼등에서 재주를 넘다

내가 어렸을 때 우리와 같은 골목에 사시는 삼갈 아주머니가 자주 목에 지푸라기 하나를 둥글게 묶어 마치 목걸이처럼 두르고 다니시는 모습을 보았다.

개짓머리가 왔다든지 몸이 아플 때면 이와 같이 하고 다닌다고 하였다. 나는 감기가 왔는데 지푸라기 하나가 무슨 소용이 있기에 그렇게 우스꽝스러운 모습을 하고 있을까 하는 생각이 들어 웃음이 나오기도 하였다.

우리 뒷집에 사는 남동 아저씨 집에서도 이따금 무슨 주문 외우는 것 같은 소리를 내면서 바가지를 도끼로 힘차게 내리치는 모습을 볼 수 있었다. 집안에 들어와 있는 악귀가 놀라서 달아나게 하기 위하여 그렇게 한다고 하였다.

그 밖에도 사람이 아팠을 때 굿을 한다든지 동정재비를 한다든지 하는 등의 미신적인 치료 방법을 사용했던 일이 많았으며 이러한 일은 우리 마을에서만 있는 일이 아니고 시골에서 널리 행해지고 있는 일이었다.

당시에 백신과 치료 약이 개발되기까지 크게 유행하고 치사율이 매우 높을 뿐 아니라 거의 모든 어린아이가 마치 통과의례처럼 한 번씩 앓아야 할 것이라 여겼던 홍역에 걸렸을 때도 병원이 나 약국이 수십 리 떨어져 있고 형편들이 어려워 의학적인 치료를 받을 수 없어 이 병이 발생하면 대문 앞에 붉은 황토를 양쪽에 한 삽씩 띄엄띄엄 놓아 외부인의 출입을 통제하며 미신적인 방법으로 또는 별다른 약을 쓰지 못한 채 자연 치유만을 기다리게 되므로 인하여 많은 어린애가 죽어가는 모습도 흔히 볼 수 있었다.

아이들의 성장 과정에서 홍역을 이겨내고 나면 면역력이 생겨 평생 이 병에 다시 걸리지 않는다는 뜻으로 '이제 재(災)를 다 털었다.'라고 하는가 하면 무슨 일을 하면서 큰 어려움을 겪었을 경우에도 '홍역을 치렀다.'고 말하고 있으리만큼 무섭고 어려운 병마이지만 의학적인 치료보다 자연적인 치유에 의존하는 형편들이었다.

내가 열두 살인 중학교 1학년 때에 초학에 걸려 무척 고생한 적이 있었다. 초학은 학술상의 병명이 아니고 우리 고장에서 학질(말라리아)을 일컫는 병으로 일명 하루거리라고도 하는데 하루 동안 고열과 한속으로 끙끙 앓다가도 그 이튿날에는 언제 아팠느냐는 듯이 괜찮다가 그다음 날에는 또 아파서 고생하는 병으로 참 이상한 병이었다.

열이 나고 한속이 들다가도 하룻밤만 지나면 말끔해지니 그런대로 견디며 이겨낼 수 있는 병이기 때문에 마을에서 사람들이 이 병에 걸리면 대부분이 병원에 가지 않고 여러 날 동안 견디다 보면 자연히 치유되므로 병을 이겨내고 있었다.

그 당시에는 의료시설이 너무나 빈약하여 농촌에는 병원이나 약국이 전혀 없었으며 대도시인 광주에도 종합병원 두 곳과 몇 군데 안 되는 개인 병원이 있을 뿐 의료기관이 별로 없었다.

광산군의 중심지인 송정에도 개인 병원 한두 곳에 약국도 몇 곳밖에 없는 처지에 있고 왕복 60여 리를 걸어갔다가 와야 하기에 우리 고장에서는 몸이 아파도 병원이나 약국을 찾지 않고 다소 고통을 받더라도 견디고 이겨낸다든지 단방 약 등으로 치료해 보다가 안 되면 미신적인 방법까지 동원하였던 것이다.

다른 사람들은 다섯 지기(아픈 날 하루와 괜찮은 날 하루를 합하여 한지기라 함) 정도면 낫게 되는데 나는 원거리를 통학하여 무리해서 그런지 열다섯 지기를 한 후에야 겨우 나을 수 있었다.

한 열 지기나 지났을까 자꾸 날짜는 가고 병은 물러가지 않자 어머니께서는 조급한 마음이 들어서인지 단방 약을 알아보기 위하여 수소문한 끝에 댓잎을 따다 물을 붓고 고를 내듯이 여러 번 삶아 그 물을 마셔 보았으나 별다른 효과를 보지 못하고 사람의 머리카락도 달여 먹어보았으나 별다른 차도를 보지 못한 채 약물치료를 끝내게 되었다.

어머니께서는 평소에 미신을 별로 믿지 않으셨지만 단방약으로 효험을 보지 못한 데다 다른 사람들이 내 병은 약물로 치료할 병이 아니라 귀신을 쫓아내야 한다고 적극적으로 권하는 바람에 마을에 사는 당골네에게 부탁하여 동정재비를 하였으나, 낫지 않자 이웃집 아주머니에게 부탁하여 잠밥(쌀 등을 됫박에 담아 마사지함)을 세 번이나 먹여 보았지만, 처음에는 약간 머리에 시원한 감이 들었지만, 시간이 지나자 다시 아픔이 찾아왔다.

그러자 마른 새우를 팔려고 다니는 보따리장수 아주머니가 초학에는 깜짝 놀라게 하면 뚝 떨어져 버린다고 자신 있게 이야기하면서 묏등(무덤)에서 재주를 넘으면 된다고 하였다. 어머니께서 그 이튿날 밤중에 나를 부르더니 마을 뒷산 자락에 있는 고총에서 재주를 한번 넘어 보자고 하셨다.

나는 별로 마음에 내키지 않아 반대하였으나 어머니의 성화에 못 이겨 따라나섰다.

그곳에 도착하자 묏등 위에 올라가서 재주를 한 번 넘고 오라고 하시면서 내 손을 잡아 위에 올려놓고 휙 돌아 먼발치로 가버리셨다. 아마 보이지 않는 곳에서 나의 재주넘는 것을 확인하고 계실 것으로 짐작되었다.

나는 한밤중에 무덤 위에 올라가는 것이 너무나 무섭고 곧 귀신이 나올 것 같은 생각에 몇 번이고 그냥 가버리고 싶었지만 하는 수없이 어머니께서 시키신 대로 얼른 재주를 넘고 어머니께로 달려갔다. 그러나 낫지 않기는 마찬가지였다.

그 지긋지긋한 병으로 고생하며 걱정 가운데 있을 때 광주에 사시는 고모부께서 집안 행사에 참여하기 위하여 집에 찾아오셨다가 나의 형편을 들으시고 "약 몇 첩이면 나을 수 있는 병인데 어린 것을 이렇게 고생시키고 있다."라고 말씀하시고 다음 날 다시 찾아오셔서 짙은 노란색의 키니네 한 갑 내놓으면서 두 알씩 하루 세 번 식후에 먹으라고 말씀하셨다.

저녁 먹은 뒤에 두 알을 먹었더니 한참 지나자 열이 내리고 머리가 개운해지더니 다음 날 아침과 점심때까지 먹다 보니 다 나은 기분이 들고 병기가 떨어져 오랫동안 나를 괴롭혔던 초학이 불과 약을 세 번 먹음으로 깨끗이 나아버렸다.

나중에 안 사실이지만 학질에는 키니네가 특효약인 것을 알지 못하였기에 이런 헛고생을 하였던 것이다.

가난과 무지, 그리고 의료혜택을 거의 받지 못하고 조그마한 병마에도 큰 고통으로 견뎌내며 살아갈 수밖에 없었던 참으로 어려운 시절이었다.

반장의 왕국

초등학교 4학년 학기 초에 한 남자아이가 우리 반에 들어왔다. 본래 6·25 전쟁 전에 3학년을 마쳤는데 가정형편, 그의 아버지가 전쟁 중에 공산군에게 잡혀 죽음으로 인하여 2년 동안 학교에 다니지 못하다가 4학년으로 편입하게 된 것이다.

우리보다 나이가 두 살이나 많고 체격이 우람하고 얼굴이 약간 험상궂은 편이어서 그다지 호감이 가지 않고 어딘지 모르게 두려움이 느껴지는 인상이었다.

반에 들어온 첫날부터 같은 마을에 사는 아이들이 그의 앞에서 마치 병정놀이에서 대장을 모시듯이 굽실거리며 다른 아이들에게도 자기들처럼 그에게 대하기를 권유하였다.

우리는 선생님이 계시지 않으면 그 애가 무서워 모두 숨을 죽이고 있었으며 그와 친한 아이들만 약간 활발하게 돌아다니곤 하였다.

그렇게 지내던 중 선생님께서 그 아이를 반장으로 임명하셨다. 그 아이가 반장이 되자 우리에게는 그 아이의 말이 곧 법이고 지상명령이 되었다. 선생님께서 자리를 비우시는 때에는 선생님을 대신하여 학급을 관리하였으며 학급의 모든 일에 그의 손이 미치지 않는 곳이 없었다.

청소 구역도 자기 마음에 드는 아이에게는 수월한 곳을 주고 밉보인 아이에게는 힘든 곳을 배정하며 자기 마을에 산다든지 특별한 관계에 있는 아이에게는 청소 조장으로 세워 청소하지 않고 다른 사람을 시키는 역할을 하도록 하였다.

이처럼 횡포가 심했지만, 누구도 선생님에게 말씀드릴 용기를 내지 못하였다. 보복이 두려웠기 때문이었다.

한번은 이웃 마을에 사는 아이가 반장에게 얻어맞고 이유 없이 맞았다고 선생님께 억울함을 말씀드렸는데 선생님께서는 반장에게 아이들을 함부로 때리지 말라고 주의 주고 우리에게도 반장 말을 잘 들어 반장이 더 열심히 반장 역할을 할 수 있도록 서로 협조하라고 이야기하신 후 교실을 나가셨다.

선생님이 나가시자마자 반장은 그 아이를 마치 인민재판을 하듯 칠판 앞에 세워 놓고 비겁한 놈이라고 윽박지르며 우리에게 "자기가 잘못을 저질러 반장한테 한 대 맞았다고 선생님께 쪼르르 일러바치는 것이 옳은 일이냐?" 고 물었다.

아무도 대답하지 않자 "반장이 학급을 이끌어 나가기 위해서는 이렇게 잘못한 놈에게는 벌을 줄 수밖에 없지 않으냐?" 하며 벌을 주어야 할 이유를 늘어놓으며 다시는 선생님이나 다른 사람에게 이야기 하지 않겠다는 다짐을 받은 후에 마치 잘못을 용서하여 주는 것처럼 그를 자리에 돌려보냈다.

이렇게 교실에서 폭력이, 독재가 이루어지고 있었지만, 선생님께서는 전혀 모르고 계셨으며 반장이 능력이 뛰어나 학급이 조용하고 자습도 잘하고 있는 것으로 생각하고 선생님이 자리를 비우는 경우에는 반장을 중심으로 자습을 잘하도록 하라고 이야기하시곤 하였다.

자습시간이면 선생님께서 공부감을 주시지만 때로는 반장에게 위임하는 경우도 있었는데 이때에는 반장 마음대로 자습 내용이 결정되었다.

어떤 때에는 국어책 공부하는 과의 내용 2번 쓰기, 구구법 차례대로 또 거꾸로 5번 쓰고 외우기, 도청소재지 10번 쓰고 외우기 등 공부라기보다는 노동의 성격을 띤 내용으로 그것도 마치고 나면 선착순으로 반장의 검사를 받아야 하고 늦게 한 아이들에게는 다시 무거운 과제를 주게 되니 우리에게는 자습시간이 몹시 두렵고 싫증 난 시간으로 새겨지게 되었다.

아이들 간의 인간관계도 오직 반장을 중심으로 이루어졌으며 반장과 사이가 좋은 아이는 활개를 치고 지내며 반장의 눈에 들지 못한 아이들은 많은 핍박을 받으면서 지내야 했다. 만일 어떤 아이가 자기가 미워하는 아이를 때려주고 싶은데 자기가 이기지 못하기에 때릴 수가 없을 때도 반장에게 부탁하면 반장이 대상이 되는 아이에게서 무엇인가 빌미를 잡아 부탁한 아이에게 몇 대 때리라고 하여 공공연한 가운데 때릴 수 있도록 하기도 하였다.

일제고사라든지 여러 가지 시험을 보았을 때도 반장보다 점수를 많이 받은 사람은 편안할 수가 없었다.

그러기에 반장보다 공부를 잘하는 아이들은 시험시간에 반장의 눈치를 보느라 시험을 제대로 치르지 못하는 경우가 허다하였다.

만일 반장보다 점수를 더 많이 받으면 어떤 꼬투리를 붙여서든지 핍박을 가하기 때문에 시험을 볼 때마다 불안한 마음이 앞설 수밖에 없었다. 나도 사회생활 시험에서 '인구밀도란 ( )안에 살고있는 평균 인구수'라는 문제에서 일부러 '1 km2'을 쓰지 않았던 적이 있었다.

한번은 학급에서 시험을 치르고 반장이 중심이 되어 채점하는데 당시 대통령이 누구인가? 라는 문제의 정답을 '이승만 원수'라고 하였다.

선생님께서 주신 모범 답안에는 '이승만'이라는 이름을 요구하였을 텐데 어디서 원수(국가원수인지, 5성 장군인지는 확실치 않음)라는 말을 들었는지 '이승만 박사, 이승만 대통령 등'으로 답한 대다수 아이들을 오답으로 처리하고 오직 자기 혼자 답한 '이승만 원수'만 정답으로 처리하여 반장이 1등을 하게 되었고 선생님께서는 내막을 모르시고 반장을 칭찬하시며 아이들이 박수를 쳐 축하하도록 하셨다.

선생님께 말씀드렸으면 '이승만 박사나 이승만 대통령'으로 답한 아이들도 정답으로 인정을 받았겠지만 모두 들 반장의 얼굴만 쳐다볼 뿐 나서는 사람이 없었다.

이와 같이 학급의 아이들이 반장의 횡포로 공포 분위기 속에 신음하고 있었지만, 반장이 공부를 잘하고 통솔력이 뛰어난 사람으로 여겨져 선생님들 사이에 반장감으로 가장 적합한 학생으로 인식되어 4학년부터 6학년까지 3년간을 줄곧 반장을 하게 되었다.

지금은 초등학교에서 반장은 아이들의 선거를 통하여 적어도 학기별로 또는 기별로 어떤 학교에서는 월별로 교체하여 학생들의 리더십을 기르고자 하는 교육적 의미를 강조하고 있지만, 당시에는 학급을 무난하게 이끌어 나갈 학생을 선택하여 학급을 이끌어 나가며 필요할 때에는 교사의 업무를 대행할 수 있는 능력이 있는 학생을 택하여 임명하기 때문에 학력은 다소 뒤떨어지더라도 통솔력만 갖추고 있으면 반장을 하는 것이 일반적인 추세였다.

더구나 학년 초에 반장이 되면 1년간 계속하기 때문에 반장이 되는 것은 본인의 명예일 뿐 아니라 가정이나 마을에서도 칭찬과 선망의 대상이 되었다.

이처럼 반장의 권위가 높이 평가되던 때에 4, 5, 6학년 내리 3년 반장을 하는 일은 극히 드문 일이었으며 우리가 다니는 학교에서는 물론 다른 어느 곳에서도 유례를 찾아보기 힘든 일이었다.

당시 우리 반에는 초등학교에서는 한 사람이 독점해버림으로 인하여 반장을 해보지 못했지만 중, 고등학교에 가서는 실장이나 연대장을 한 친구들이 있는가 하면 서울대학을 비롯한 일류대학에 진학한 친구들도 여러 명이 있어 그 아이 말고도 반장감이 얼마든지 많이 있었지만, 학교의 편의주의적인 경영 마인드 때문에 많은 학생들이 마땅히 누려야 할 권익을 박탈당하는 결과를 가져오고 말았던 것이다.

참으로 수요자를 조금도 배려하지 않는 극히 비교육적인 경영 체제였다.

학교가 농촌 벽지에 있고 학부모들이 워낙 순박하고 바쁜 농사일로 인하여 자녀교육을 전적으로 학교에만 의존하고 있기 때문에 학교에서 다소 불합리한 일이 있을지라도 그러려니 하고 관대하게 여겼었다.

설령 자녀가 별다른 잘못이 없이 교사나 친구들로부터 매를 맞고 온 경우에도 그 원인을 자기 자녀에게서 찾으리만큼 학교에 대해 깊은 신뢰를 하고 있었다.

우리가 다니는 학교는 한 학년이 2개 반이 있었으나 4학년부터 반을 재편성하지 않고 그대로 진급하였기 때문에 우리 반 아이들은 3년 동안을 한 사람의 반장 그늘에서 생활하게 되었으며 숨소리조차 크게 쉬지 못하고 그야말로 질곡과 같은 학교생활을 하게 되었다.

반장이 15, 6세의 사춘기에 접어들자 여자아이들은 상당한 괴롭힘을 당하기도 하였다. 실제로 우리는 6학년이지만 아직 어린 애 티를 벗지 못하고 있었으나 반장은 벌써 사춘기에 접어들어 성 문제에 관심을 가지고 우리와 대화 가운데에서도 많은 부분을 성에 대한 말로 채우기도 하였다.

돈에 대한 애착이 많아 졸업 무렵에는 우리가 학교에 졸업 기념품을 마련하고 선생님의 은혜에 보답하기 위한 사은회비 걷는 일을 맡아 6학년 전체가 낸 돈을 몽땅 가지고 달아나 버려 사은회 자리도 마련하지 못하고 우리 졸업생들만 모교에 기념품을 남기지 않은 못난 졸업생들이 되게 해버렸다.

공부에서도 자기는 중학교에 진학할 형편이 못되어 입시 준비를 하지 않게 되자 다른 아이들이 공부하는 것을 달갑게 보지 않고 암암리에 공부를 방해하는 일이 많았다.

중학교 입시를 서너 달 앞두고 있던 11월 중순 학교공부가 끝나자 대여섯 명의 공부 잘하는 아이들을 반장 집으로 오라고 같은 마을에 사는 아이가 이야기하였다.

전갈을 받은 우리는 무슨 영문인지도 모르고 각자의 집에서 저녁을 먹고 가족들에게 반장 집에 모여 공부를 하기로 했다고 이야기하고 반장네 집으로 갔다.

반장네 집은 초가삼간으로 죽석을 깐 방에 반장의 어머니가 베를 짜다가 놓아둔 베틀이 놓여 있고 호롱불을 켰지만 희미해서 등잔이 있는 부분만 훤할 뿐 조금 떨어진 곳은 잘 보이지 않았다.

반장의 어머니는 마실가서 자정 무렵에나 오신다고 하였다.

아이들이 다 모이자 화투를 가지고 와서 한판 치자고 하였다. 우리 중 두 명은 화투를 못 친다고 하자 같은 마을에 사는 아이에게 따로 가르치라고 하고 칠 수 있는 사람 네 명이 민화투를 치기 시작했는데 열 끗에 성냥 한 개비씩 내기로 하였다. 성냥은 60개비를 한 갑으로 하여 값은 5원이라고 하였다.

나도 화투를 칠 줄 알았기 때문에 같이 쳤는데 약 300개비쯤 잃어 이를 1주일 안에 갚기로 약속하고 어머니께 거짓말을 하여 25원을 타다가 반장에게 갚은 적이 있다.

그 뒤에도 마음은 내키지 않았지만, 반장의 말을 어길 수 없어 몇 번 반장 집에 모여 화투를 쳤는데 끝나는 시간은 정해지지 않았고 아무 때라도 반장이 많이 따거나 반장이 그만 치자고 할 때까지 쳐야 했으며 우리가 따 가지고는 절대로 일어설 수가 없었다.

어떤 때는 반장 집에서 김치죽으로 같이 저녁을 먹고 화투를 치기도 하였다.

세상에 중학교 입시를 눈앞에 두고 있는 수험생들이 '시험공부 해야겠으니 못 가겠다.'라는 그 말 한마디조차 하지 못하고 베틀 방에 불려가 화투를 치면서 세월을 보내는 아이들이 세상에 우리 밖에 누가 있었을까? 참으로 부끄럽고 비굴하고 기억하기조차 싫은 일이었다.

입시 준비에 전력을 다하여도 광주 시내에 있는 일류학교에 들어가기가 어려워 시간을 쪼개 공부를 해도 시간이 부족한 판에 반장 집에 불려가 화투판을 벌이다니…… 결과는 뻔한 일이 아니겠는가?

광주서중학교 합격이 최대의 소망이었던 우리는 단 한 명도 합격하지 못하여 우리 학교의 역사에서 유일하게 합격자를 내지 못한 졸업생들이 되고 말았다.

참으로 참담한 초등학교 시절이었다. 우리가 한 사람도 광주서중학교에 합격하지 못함으로 학교 위신이 크게 추락하고 지역사회의 여론이 들끓자 그 이듬해에는 이를 만회하기 위하여 입시지도에 박차를 가하여 3명이나 합격자를 내었으니 이는 좋은 학교로의 진학은 학교의 관심과 지도, 그리고 학생들이 마음 놓고 공부할 수 있는 밝고 따뜻한 학급사회가 필수적임을 절실히 깨닫게 해준다.

되돌아보면 즐겁고 정다웠던 모습이나 최선을 다하여 공부했던 아기자기하고 아름다운 추억이 많아야 할 어린 시절보다는 중학교 입시를 앞둔 6학년이면서도 학교 실습지에 쓰일 퇴비를 만들기 위하여 5, 6학년 반별 경쟁 속에서 2주일이 넘게 풀베기 작업을 했던 일, 여러 날 보리 베기 작업을 하여 그 품삯으로 학교도서를 마련했던 일, 피사리 작업에 동원되어 벼이삭 사이를 누비며 검붉게 익어가는 피를 뽑던 일, 찬바람을 맞아가며 부풀어 오른 보리밭을 밟던 일 등 마치 품꾼처럼 일했던 기억들이 먼저 떠오른다.

더구나 마치 왕처럼 군림하여 위세를 부리고 있던 반장 밑에서 마음껏 입시 준비 한번 해보지 못하고 낙방의 좌절만을 맛본 참으로 암울한 시절이었기에 그때의 생각이 날 때면 고개를 흔들어 버리곤 한다.

다른 학교에서는 6학년이 되면 전교생이 모이는 조회시간에도 참가시키지 않고 입시 준비에 전념하도록 배려해주고 있었는데…….

우리는 광주 시내의 2, 3류 중학교나 송정, 임곡에 있는 시골 중학교에 들어가 열심히 공부하여 광주서중학교를 졸업한 친구들과 광주 시내 일류 고등학교에서 만나 같이 공부하게 된 아이들이 7명이나 되었음을 볼 때 초등학교 시절 학교에서 다소라도 입시에 관심을 두고 마음껏 공부할 수 있는 여건을 마련해 주었더라면 한두 명이라도 광주서중학교에 합격하여 우리에게 이런 불명예는 남기지 않았을 것이 아닌가?

초등학교를 졸업한 지 70년이 가까워지는 요즈음에도 동창끼리 만나는 날이면 그때의 악몽 같은 일들을 들추어 이야기하는 일이 많은 것은 그저 해보는 말들이 아니며 학교에 대한 야속하고 섭섭한 마음, 그리고 교육현장에서 있어서는 안 될 폭군 같은 반장의 독재에 누구도 맞서보지 못하고 그저 굴종만 했던 우리들의 나약한 모습들이 되살아나 항상 뒷맛이 개운치 않음을 느껴보곤 한다.

자랑스러운 표창장

1960년대 초반에 우리 마을에 살면서 면사무소에 근무하시던 Y 아저씨 집에 가면 안방 아랫목 벽에 액자에 넣은 큼지막한 표창장이 걸려있었다. Y 아저씨가 모범적인 공직생활을 통하여 당시 내무부 장관에게 받은 영예로운 표창장이었다. Y 아저씨는 이 상을 받은 것을 큰 영광으로 생각하고 가족들, 특별히 자녀들이 늘 보면서 훌륭한 인재들로 자라나기를 바라는 마음에서 걸어두었다고 한다.

Y 아저씨는 천성이 매우 부지런하고 성실하며 친절하여 마을 사람들이나 면내의 주민들에게 신뢰와 존경을 받는 공직자였다.

가정형편이 어려워 간신히 중학교를 마치고 공무원으로 진출하고자 몇 번의 도전 끝에 시험에 합격하여 면사무소에서 공직생활을 시작하게 되었다.

비록 학벌이 별로 없으나 현직에 근무하면서 자신의 업무에 관해 연구와 끊임없는 노력으로 실무 능력을 잘 갖추어 상사나 동료들로부터 유능한 공무원으로 인정을 받았으며 글씨, 특히 한자를 잘 써 호병계에서 수년 동안 일하면서 호적등본이나 초본 등을 발급하는데 남들보다 훨씬 빠른 시간에 그리고 고운 글씨로 해냈으며 당시에 유행하던 브리핑용 차트를 만드는 일도 도맡아 해내고 있었으니 칭찬이 뒤따르게 마련이었다.

당시에는 복사기나 컴퓨터를 비롯한 행정 장비들이 전혀 없어 일일이 수작업으로 할 수밖에 없는 처지에서 가족 기록사항이 많은 호적등본을 발급하려면 두세 쪽, 많게는 너덧 쪽까지 한 자 한 자를 일일이 손으로 써야 하며 그것도 어려운 한자로 써야 하니 보통으로 어려운 일이 아니었다. 두통 이상이 필요할 경우에는 묵지를 사이에 넣고 쓰기도 하였다.

Y 아저씨는 호병계로 발령을 받자 자기의 업무를 원활히 수행하려면 우선 한문에 어느 정도 실력이 있어야 하며 글씨도 잘 써야 할 필요성을 느껴 상용한자를 중심으로 책들을 마련하여 열심히 공부하여 한문의 기본 실력을 쌓고 한자 '글씨본'을 보면서 수십 번 연습함으로 좋은 필체를 갖게 되었으며 또 빨리 쓸 수 있는 기능도 습득하여 누구보다도 빨리 보기 좋은 글씨로 호적 관계 서류를 작성해냄으로 민원인들로부터도 늘 칭찬을 받았다.

일 잘한다는 소문이 널리 퍼지자 군청을 비롯한 다른 읍면 사무소에서도 같이 일할 것을 바라는 가운데 군청으로 발탁되어 열심히 근무하다가 승진하여 우리 고향 면사무소로 발령을 받아 호병계장으로 수년간 근무하다가 광주로 이사 가게 되자 인근에 있는 서창면으로 자리를 옮겨 역시 호병계장으로 일하다가 부면장으로 승진한 뒤 장관 표창보다 훨씬 격이 높은 훈장을 받고 정년으로 공직생활을 마치게 되었다.

돌이켜보면 Y 아저씨는 6·25 전쟁 직후인 1950년대 중반부터 1990년대 중반까지 40년에 가까운 기간을 국가의 경제가 열악한 가운데 공직생활을 하였기에 박봉에 생활의 여유를 가질 수 없었으며 수당조차도 없거나 변변치 않은 처지에서 야근이나 특근을 수시로 해야 했다.

지금은 주 5일제 근무로 토, 일요일에 휴무가 되어있지만, 당시에는 거의 모든 공직자가 그랬듯이 토요일 오후부터 일요일로 이어지는 주말도 형편에 따라서는 특근을 해야 했기 때문에 주말을 즐기거나 휴식을 취할 겨를조차 갖지 못하는 참으로 고달픈 공직생활이었지만 별다른 불평 없이 항상 밝은 마음으로 업무수행에 열심히 해 온 공직생활이었다. 퇴직 후에도 지역 주민들을 위한 자원봉사활동에 적극적으로 참여하여 노후 생활을 뜻깊게 보내기도 하였다. 별다른 학력이 없이 공직에 들어갔지만 감사하는 마음으로 최선을 다하여 일하였기에 주어진 값진 보상이었다.

그 무렵에는 대부분 젊은이가 고등학교 정도를 졸업하면 괜찮은 학력으로 생각하고 자신의 학력(學歷) 수준에 알맞은 직장으로 취업하는 것이 일반적인 추세였으며 초등학교만 졸업한 사람들도 독학으로 실력을 쌓아 공직이나 유수한 기업에 들어가 일하는 사람들이 많았다.

대학까지 진학한 사람들이 적어 대학을 졸업하고 직장이나 사회에 진출하면 상당한 부러움을 받았다. '학사 경찰' '학사 가수' '학사 장교' 등으로 불리었는가 하면 박사 학위를 가진 경우에는 사회적 존경의 대상이 되었으며 실제로 1990년대까지만 해도 박사의 희소가치가 높아 현직에 근무하면서 박사 학위를 받게 되면 다른 곳으로의 유출을 막기 위하여 승진에 큰 혜택을 주기도 하였다. 그러나 오늘날에는 교육 수준이 높아지고 고학력의 시대가 됨에 따라 학사학위는 기본 학력이 되고 석, 박사 학위를 가진 사람들도 많아져 어떤 면에서는 학력 인플레 현상으로 비추어지기도 한다.

지난날에 고등학교 졸업 정도의 학력을 갖춘 사람들이 응시하였던 중, 하위직 공직시험이 이제는 기본적으로 대학 졸업의 학력에 석, 박사 학위 소지자들도 응시하는 가운데 몇십대, 몇백대일의 경쟁을 보이는가 하면 단순한 노무직에도 고학력자들이 모이고 있음은 우리 사회가 학력 인플레가 만연되어 있음을 보여주고 있다. 물론 시대의 변화에 부응하고 산업구조의 고도화를 뒷받침하기 위하여 어떤 분야에서는 차원 높고 질 좋은 교육이 요청되겠지만 그렇지 않은 분야에서도 덩달아 높은 학력을 요구함에 따라 필요 이상의 학력과 스펙을 쌓기 위하여 안간힘을 다하고 있는 모습을 볼 때면 안쓰러운 마음이 앞선다.

이처럼 큰 비용과 노력으로 높은 학력을 쌓았는데도 막상 학교를 마치고 나면 마땅히 들어가 일할 자리가 없어 청년 실업이 가장 시급히 해결되어야 할 당면과제로 자리 잡은 현실에서 그나마 어렵사리 들어간 직장이 학력 수준이나 적성에 걸맞지 않아 더 나은 직장을 동경하며 마지못해 일하고 있는 사람들과 Y

아저씨같이 별로 높지 않은 학력으로 자신의 학력 수준에 맞는 직장에 들어가 만족감을 느끼면서 일하는 것과는 큰 차이가 있을 것으로 믿어진다.

먹고 살기조차 어려울 정도로 가난하고 불편한 삶 속에서 상급학교에 진학할 수 없어 주경야독으로 꿈을 이루어 행복해하던 모습, 학비가 없어 고학하는 어려운 처지에서도 대학을 나오면 별다른 어려움 없이 원하는 직장에 들어가 이를 천직으로 알고 정년을 맞이하기까지 안정된 가운데 일했던 시절, 특별히 형편이 워낙 어려워 겨우 초등학교만 마치거나 심지어 학교 문턱을 밟아보지 못한 채 철이 들자 남의 집 머슴으로 들어가 세경을 모아 집과 농토를 마련하고 가정을 이루어 자녀들도 넉넉하게 둔 가운데 나름대로 행복을 느끼며 살아가는 소박한 삶들, 그리고 작은 꿈이지만 더 잘살아보고자 하는 꿈을 지니고 열심히 일해 온 삶들이 오늘날에 비하여 행복지수가 훨씬 높은 삶이 아니었을까?

비록 하고 싶은 공부를 다 하지 못한 채 직장에 들어갔지만 감사하는 마음으로 업무수행에 최선을 다했기에 큰 상들을 받으며 모범공무원으로 직장생활을 마쳤던 Y 아저씨의 밝고 자신에 찬 모습, 동료들과 술자리라도 갖게 되면 "나 같이 못 배운 사람이 이 자리에서 일하고 있는 것이 얼마나 감사한 일인가?"라고 이야기하던 Y 아저씨의 그 겸손하고 소박한 모습, 그리고 작은 일에도 늘 감사하는 삶, 그것이 정녕 행복한 삶의 모습이 아닐는지 …….

고려사도 우리의 소중한 역사인데

내가 중학교 입시를 석 달쯤 앞두고 있던 1954년 연말에 서로 친구로 지내고 있는 N 군이 우리 집에 들렀다.

그는 내 1년 선배지만 그가 원하는 중학교 시험에 불합격하여 재수했다.

당시에는 학원이나 재수생을 위한 사교육 기관이 없었기 때문에 집에서 준비하면서 혹시 입시에 관한 정보나 우리가 학교에서 준비하고 있는 모습들을 들어보기 위하여 찾아왔기에 학교에서 이루어지고 있는 입시지도 상황을 비롯하여 담임선생님에게 들은 참고가 될 만한 것들을 전해 주면서 여러 가지 이야기를 주고받았다.

N 군도 자기가 공부하고 있는 것들을 이야기하면서 고려 시대의 왕들을 외우는 것이 좋을 것 같아서 외워 두었다고 하면서 "태혜정광경성목 현덕정문순선헌 숙예인의명신희 강고원렬선 숙혜 목정민우창양" 고려 34명의 왕을 유창하게 외웠다.

나는 고려왕조에 대하여는 별다른 관심을 두지 않고 그저 조선 시대에만 관심을 가지고 조선의 왕들만 외우고 있었는데 N 군이 고려왕들까지 외우고 있는 모습에서 나 자신이 너무나 부끄러운 생각이 들어 N 군이 돌아가자마자 역사 부도를 펴놓고 이를 외워 수시로 익힘으로써 나도 고려 역대 왕을 지금까지 머리에 담아 두게 되었다.

우리가 국사 과목을 공부할 때 역사적 고증이 부족한 고대사나 중세사보다는 근현대사에 중점을 두고 공부하였으며 교과서의 분량도 근세사 부분이 훨씬 많았으며 입시 준비 또한 근세사에 더 비중을 두었다.

그러기에 각 시대의 왕들에 관한 것도 고대사나 중세사에서는 시조나 특별한 업적을 남긴 왕들이나 외워 두고 있는 반면 근세사인 조선의 왕들은 거의 모든 수험생이 마치 필수 암기 사항처럼 외웠다.

'태정태세문단세 예성연중인명선 광인효현숙경영 정순헌철고순' 을 7음절씩 마치 구구단을 외우듯이 외우는가 하면 어떤 학교에서는 앞부분에 '이씨조선이십칠 2군7조18종'을 넣어서까지 외워댔다. '이씨조선'이 '조선'을 비하하는 식민사관에서 비롯된 것인 줄을 알지 못한 채 그저 암기하는 데만 힘썼으며 그것도 혹시 잊어버릴까 봐 수시로 확인하여 보기도 하였다.

그러나 중세인 고려왕조에 대하여는 외우는 사람이 거의 없었다. 고려사도 우리의 역사이며 문화사적 면에서는 어느 시대에 못지않은 찬란한 민족문화를 꽃피웠던 시대인데 정치사 중심의 사관에 밀려 근세사에 비하여 너무나 홀대받는 것은 아닌가 하는 생각이 들 만큼 별다른 관심을 두지 않았던 것 같다.

당시는 건국 초창기이기 때문에 국사 교육을 강화하여 올바른 민족사관을 길러주기 위하여 초등학교에서부터 사회과의 6학년 과정을 국사 교육으로 배정하여 주당 서너 시간씩 공부하였으며 중, 고등학교는 물론 대학에서도 교양필수과목으로, 공무원 시험을 비롯한 각종 시험에서도 국사를 시험과목으로 채택하고 있었기 때문에 오늘날에 비하여 국사 교육이 활발히 이루어지고 있었고 주로 암기 중심의 학습이 이루어졌기에 모든 학생이 왕조, 연대를 비롯하여 중요한 내용을 줄줄 외우고 있으리만큼 열심히 국사 공부를 하였다.

그런 가운데에서도 고려 시대에 대하여는 세계적으로 명성을 떨쳤던 금속활자, 고려자기, 팔만대장경을 비롯한 문화재들과 항몽항쟁 등 몇 가지 외에는 공부했던 것이 별로 떠오르는 것들이 없는 것 같다.

따지고 보면 우리나라의 국호가 국제사회에서 Korea(고려)로 명명된 것도 이미 고려 시대에 경제적으로나 문화적으로 국제사회에 일원으로서 활발히 활동하였기에 얻어진 국호로 오늘날에도 변함없이 불리고 있음을 볼 때 고려사는 정치적인 면보다 문화, 경제사에서 세계에 이름을 떨친 빛나는 역사를 지녔는데 막상 교육현장이나 일반 사회에서 이렇게 관심을 끌지 못하고 있는 반면 조선 시대에 대하여는 역대 왕을 비롯하여 건국에서 멸망에 이르기까지 중요한 역사적 사건뿐만 아니라 야사에 나타난 사소한 일들까지 열거할 수 있으리만큼 열심히 공부했던 것 같다.

초기의 왕자의 난으로부터 세조의 왕위 찬탈에 따른 사육신과 생육신, 중종과 인조반정, 연산군 광해군의 폭정, 4대 사화, 4색 당쟁, 외세의 침략으로 인한 왜란과 호란, 내란인 홍경래의 난 진주 민란, 세도정치, 말기의 쇄국정책과 한일합방에 이르기까지 조선의 역사를 줄줄이 외우다시피 공부하였기에 이러한 분야에 대하여는 넘치리만큼 알고 있지만, 그 밖의 분야에 대하여는 문화사적 측면에서는 고작 한글을 비롯하여 측우기, 백자, 몇 가지 서화 등에 그치는 정도였다.

특별히 무오사화를 비롯한 4대 사화에서 수많은 학자가 겪은 고난과 끊임없는 당파싸움으로 심지어 임진왜란 중에 왕이 수도를 내주고 의주로 몽진하는 위기 속에서도 국가를 지켜내기 위하여 전력을 기울이기보다 정권을 장악하기 위하여 벌였던 당쟁, 하찮은 왕이나 왕비의 상제 때문에 일어나는 당파 간의 갈등, 구한말 세계 각국이 영토를 넓히며 상권의 확보를 위하여 심혈을 기울이는 국제정세를 외면한 채 쇄국정책이라는 낡은 대응책으로 마침내 나라를 송두리째 일본에 넘겨주었던 민족사상 가장 수치스러운 역사에 이르기까지 주로 정치적인 면에 치우쳐 왔음을 엿볼 수 있다.

이렇다 보니 학생들의 눈에도 위정자들이 나라와 민족을 위하기보다는 자신이나 자신의 당파의 유익만을 앞세우며 산업 경제를 비롯한 민생을 위한 일에 별로 힘쓰지 않은 것으로 여겨졌으며 국민성 또한 편 가르기를 좋아하고 한데 뭉치지 못하는 민족으로 비추어져 근세조선이 망할 수밖에 없었던 나라라고 인식되었던 것 같다.

마땅히 국사 교육이 과거의 역사를 통하여 민족성의 부정적인 측면을 전혀 도외시할 수는 없는 일이겠지만 보다 긍정적이고 국가 발전을 위하여 온 백성이 힘을 합하여 노력했던 일, 특별히 나라가 위기에 처했을 때 목숨 바쳐 지켜냈던 국난극복의 사례, 독창적인 문화로 세계 열방에 빛을 드러냈던 일 등을 부각하여 모든 국민들로 하여금 민족자존감을 가지고 미래를 향하여 힘차게 나아갈 수 있도록 하여야 할진대 지난날의 우리 국사가 부정적인 측면을 너무 강조함으로 인하여 우리 역사의 본질을 왜곡하는 우를 범하지 않았는지, 혹시라도 아직 식민사관에 사로잡혀 있지는 않은지 되돌아보아야 하지 않을까?

세계 여러 나라의 역사를 통하여 알 수 있듯이 민족의 역사를 바로 알고 미래를 위하여 힘을 모아가는 민족만이 험난한 국제정세 속에서 살아남아 왔다는 역사적 진리를 깊이 깨닫고 앞으로 우리나라도 각급 학교의 교육과정에서 국사 교육의 비중을 높여 나가며 공무원 시험을 비롯한 각종 시험에서도 이를 널리 반영해 나가야 할 것 같다.

최근에 국사 교육에 관해 관심을 높이고 역사를 바로잡기 위한 연구에 힘쓰고 있는 모습들을 엿볼 수 있음은 퍽이나 다행스러운 일인 것 같다.

이러한 과정에서 사학자들을 비롯한 관계자들이 더 바른 사관을 가지고 왜곡된 부분이 있다면 과감히 바로 잡고 과거의 정치사에 치우쳤던 국사 교육에서 벗어나 경제, 문화, 사회 등 각 분야가 조화롭게 이루어지도록 하며 고대사나 중세사에 관한 고증을 더욱 활발히 전개하여 이를 교재화 함으로써 국사 교육에서 폭넓게 자리 잡아 갈 수 있도록 노력하였으면 하는 마음 또한 간절하다.

머릿속의 세계 여행

내가 사범학교에 다니던 시절 선생님들 가운데 기억에 남아 생각나는 분들이 몇 분 계신다.

국어 시간이면 구수한 이야기로 재미있게 가르치시던 K 선생님, 일반 사회 시간에 케이스 문제나 역할극을 통하여 현장감 있게 가르치셨던 J 선생님, 수업시간이면 자기의 주장을 활발하게 펼칠 줄 알아야 한다면서 논설문 쓰기와 조리 있는 발표를 강조하시던 M선생님 등 여러 선생님이 나름대로 특색 있는 가르침이 있었기에 기억에 남아 있는 분들이다.

그 가운데에서도 5만분의 1 세계지도 그리기를 유난히 강조하시며 3년 내내 이를 그리도록 하셨던 R 선생님이 가장 나에게 많은 가르침과 영향을 주신 것 같다.

R 선생님은 자그마한 체구에 깔끔한 외모로 60여 년 전에도 눈에 띄게 튀는 원색 옷을 즐겨 입으시며 당시로써는 고령층인 50대 중반의 나이에도 매우 젊게 사시는 분이었다.

방과 후에는 테니스부를 맡아 하얀 반바지에 빨간 반팔 티셔츠를 입고 코트를 누비시며 지도하시던 모습 또한 매우 인상적이었다.

우리에게 1학년 때부터 졸업할 때까지 줄곧 3년 동안 인문지리를 맡아 지도해 주셨는데 1학년 때 수업 첫 시간에 "여러분들은 앞으로 세계를 향하여 나아갈 사람들이니 세계지도에 관심을 두고 그려보며 지형을 비롯한 각 나라의 모습을 잘 살펴 세계를 가슴에 품고 살아야 한다."라고 하시며 누구든지 세계지도(백지도)를 자유롭게 그릴 수 있어야 하며 그 안에 중요한 사항들을 표시할 수 있도록까지 하여야 한다고 강조하셨다.

기회 있을 때마다 칠판에 분필로 세계지도를 그리시며 중요한 것들을 영문으로 표시해 가면서 유창한 발음으로 시원스럽게 이야기하시던 모습은 우리에게 한없는 부러움과 도전의 용기를 불어넣어 주셨다.

수업시간이면 해당 과정을 약간 일찍 끝내고 5, 6분간씩 지도그리기 시간을 마련하여 세계지도를 그리도록 하였다.

인문지리가 주당 2시간씩이니 한 주일에 수업시간에 2번, 숙제로 2번, 방학 때에는 10여 장 이상 이렇게 꾸준히 그려봄으로 1년에 적어도 150번 이상을 그려보았고 3년 동안 줄잡아 500번 정도나 세계지도를 그려보았으니 웬만한 사람은 지도를 보지 않고도 세계지도를 그릴 수 있게 되었다.

그리는 방법도 메르카토르도법으로 구체적으로 위치를 말하면서 그리도록 하여 더욱더 실감나게 그리도록 하셨다.

이와 같은 과정으로 5만분의 1 세계지도를 수없이 그리는 가운데 5대양 6대주의 모습과 위치, 지형 등을 알 수 있었고 세계의 전체 또는 부분을 자유롭게 그릴 수 있게 되자 세계의 큰 강과 산, 평야, 호수, 주요 도시 등 여러 가지 사항들을 표시해 가면서 그리도록 하였기 때문에 우리는 언제든지 지도를 그려가며 도상 여행이랄까 머릿속으로 세계를 그려보며 나름대로 세계와의 대화를 나눌 수 있게 되었다.

돌이켜보면 자세히 보면서도 그리기 어려운 세계지도를 보지 않고도 그릴 수 있게 되기까지 그 많은 시간과 노력, 온갖 정성을 기울여 가면서까지 과연 이러한 일을 해야만 하는가 하는 회의감이 들 때도 수없이 많았기에 일부 학생들은 도중에 포기해 버리고 시험 때가 되면 다른 사람에게 부탁하여 대충 그린 것을 제출하는 일도 있었다.

그러나 끝까지 열심히 그렸던 학생들은 지금까지도 그때의 열정적인 공부의 추억들이 남아 있어 서로 만나면 세계지도에 관해 이야기를 나누며 오늘날 세계화의 시대를 내다보며 우리에게 한걸음 빠른 지리교육에 심혈을 기울여주셨던 R 선생님께 늘 감사하는 마음으로 가득 찬다.

나는 사회과, 특히 지리영역에 관심이 조금은 있는 편이며 지도 찾기와 지리적인 통계를 살펴보는 등에 상당한 취미를 가지고 있었기에 R 선생님께서 가르치시는 인문지리 시간이 매우 재미있었다.

지도 그리기 또한 많은 흥미를 지니고 하였기 때문에 한 번도 그리기 싫다거나 지루함이나 괴로움을 느끼지 않고 열심히 해냈다.

2학년 때부터는 가까운 자리에 앉은 친구들과 세계지도를 펴놓고 큰 도시는 물론 중소의 작은 도시에 이르기까지 빨리 찾기 시합을 하였으며 세계 각국의 면적과 인구, 수도 그 인구 그리고 산과 강, 주요 도시 등 중요한 사항들을 찾아 외우기도 하여 그때 외워 두었던 것들이 지금까지도 머릿속에 기억으로 남아 있다.

지금도 TV나 여러 가지 매체에서 세계의 어떤 지역이나 국내의 어느 곳을 이야기할 때면 마치 내가 그곳에 가 있는 것처럼 현장감을 느끼면서 대하는 경우가 많으며 실생활에서도 많이 활용하고 있다.

내가 30여 년 전까지 초등학교 고학년 담임을 맡았을 때면 우리나라 지도나 세계지도를 칠판에 그려가며 교과서에 제시한 사항들을 표시해 가면서 지도했다.

내가 지도를 보지 않고 막힘없이 그리는 것을 보면서 아이들이 놀라며 신기한 모습으로 바라보며 주의 깊게 듣던 때의 그 흐뭇한 마음, 아이들이 내가 어떻게 보지도 않고 세계지도까지 그릴 수 있게 되었는가를 물었을 때 내가 노력했던 과정을 이야기하자 모두들 놀라며 '나도 한 번 해보아야지!' 하는 아이들도 있었다.

이러한 모습에서 나는 마치 자신만이 가진 기능을 제자에게 전수하는 장인의 기쁨이라고나 할까? 매우 큰 보람을 느껴보기도 하였다.

학창시절을 마치고 교직 생활을 하면서도 지도책을 자주 보면서 세계 여러 나라의 모습을 살펴보는 취미를 가지고 늘 지도를 가까이하였으며 어디를 지나다가도 지도를 보면 꼭 내용을 살펴보고 가곤 한다.

또 여러 지역을 돌아다니기를 좋아하여 방학이라든지 쉬는 날이면 특별한 목적 없이 그저 어떤 지역을 지내보고 싶어서 당일치기나 1박 2일 정도로 버스나 기차를 타고 지형을 살피며 취락구조, 삶의 모습들을 돌아보면서 국내의 여러 지역을 돌아다니기를 취미 삼아 수년 동안 해보기도 하였다.

그리고 지도를 살펴보며 지리상의 통계를 보는 것이 재미있어 요즈음도 틈틈이 찾아보고 있으며 TV프로 중에서도 세계 여행이나 여러 곳을 소개하는 내용, TV 기행 등의 프로를 즐겨보고 있으며 인터넷에서도 지리적인 문제를 검색하는 경우가 다른 것을 검색하는 것보다 훨씬 많은 편이다.

혹시 TV에서 어떤 지역을 소개할 때 내가 잘 알지 못하는 내용이 나오면 꼭 지도책이나 인터넷을 통하여 의문을 풀어 보기도 한다.

이렇게 하다 보니 자연히 세계 각국에 대하여 더 많은 것을 알게 되었고 우리나라의 각 지역에 대하여도 개략적인 것들을 알게 되어 낯모른 사람을 만났을 때도 그 사람의 고향을 중심으로 이야기를 하다 보면 마치 고향 사람을 만난 것처럼 친근감으로 대화가 이루어지는 일이 많다.

오늘날 우리는 60여 년 전에는 상상도 하지 못했던 지구촌 시대, 글로벌 시대에 살고 있다.

1950년대 말엽인 그 당시에는 우리나라와 멀리 떨어져 별다른 영향력이 미치지 않는 나라에 대하여는 별로 알지 못하여도 살아갈 수 있었지만, 오늘날에는 온 세계가 이웃이 되어 우리나라와 가장 멀리 떨어져 정반대 쪽에 있는 남미의 아르헨티나나 우루과이 등지에서라도 어떤 일이 일어나면 그것이 곧 우리나라의 경제를 비롯한 여러 분야에 직간접적으로 영향을 미치게 되는 것을 생각할 때 이제 세계를 아는 것은 현대인의 필수적인 상식이 되고 있음을 알 수 있다.

이러한 글로벌 시대에 우리가 개략적으로나마 세계지도를 머릿속에 담고 우리나라의 지리에 대하여도 다소나마 알게 된 것은 고등학교 시절에 훌륭한 선생님의 제자들에게 세계를 심어주시고자 하는 강한 의지에 힘입은 결과라고 믿어질 때 우리에게 이런 보배로운 지식과 기능을 갖도록 이끌어주신 R 선생님께 다시 한번 감사를 드리고 싶다.

선생님 감사합니다. 당신은 앞날을 내다보는 혜안을 가지신 진정한 스승이었습니다.

5부

어린 눈에 비친 6·25 전쟁

지겨웠던 노래 연습

6·25 전쟁이 일어났던 해 여름 우리 고장이 공산화되자 마을 단위로 어른들과 아이들을 따로 모아 밤마다 북한의 노래를 가르쳤다.

우리 마을은 학교가 있는 마을이므로 아이들은 학교 운동장 구령대 앞에 모여 노래 연습을 하였다.

평촌이나 바람지기, 장등, 석계 등 학교에서 가까운 다른 마을 아이들도 평소에는 자기 마을 시정이나 마당이 넓은 집에서 연습하지만, 사흘 걸음으로 학교로 나와 연습을 하기도 하였다.

그런데 이때에는 꼭 낯모른 어른 한 두 사람이 따라와 마을별로 노래 부르기 시합을 시키고 끝나면 잘한 순서대로 등수를 매기고 강평 같은 것을 하였다.

한 주일에 두어 번씩 이런 일을 하기 때문에 다른 마을보다 좋은 성적을 얻기 위하여 더 열심히 연습하지 않을 수 없었다. 만일에 자기 마을의 성적이 좋지 않아 질책이라도 받는 날이면 평소에 노래를 잘 부르지 못한 아이들에게 그 책임을 묻기 때문에 모두가 연습에 정성을 다하지 않을 수 없었다.

노래는 마을 청년 몇 사람이 미리 배워 가지고 와서 아이들에게 가르쳤다. 노래를 시작하기 전에 반드시 출석을 불러 만일 빠진 사람이 있으면 다른 아이를 시켜 데리러 오기 때문에 한 사람도 빠질 수가 없었다.

그러기에 노래를 부르기 싫은 사람도 어쩔 수 없이 참여할 수밖에 없었으며 밤이 오지 않았으면 하는 마음들이었다. 어쩌다가 한 번이라도 아프다고 핑계 대고 나가지 않으면 다음 날 다른 사람과 진도를 맞추기 위하여 몇 배나 더 고생해야 하기에 쉽게 빠질 수도 없는 일이었다.

마을 아이들이 청년의 선창에 따라 목청을 높여 노래를 불렀다. 「아침은 빛나라 이 강산……」 북한의 애국가를 비롯하여 「장백산 줄기줄기 피어린 자국……」, 「더운 피 흘리며 말하던 동무……」「비겁한 놈아 갈려면 가거라……」 등 많은 노래를 밤마다 모여 불렀다.

나는 2학년의 어린이였기 때문에 가사가 무슨 뜻인 줄도 모르고 따라 불렀다.

그렇게 부르기를 사나흘하고 나면 연습 상황을 확인하기 위하여 개인별로 곡을 지정해주고 부르도록 하여 잘못 부른 아이에게는 심한 질책과 함께 다음 날까지 잘 부를 수 있도록 하라고 과제를 주어 기어이 부를 수 있도록 하였다.

그렇게 해도 잘못 부르면 마을별로 잘못 부르는 아이들을 모아 조회시간에 전교생 앞에서 선생님의 지도를 받아 잘할 때까지 불렀던 일이 지금도 머릿속에 부끄러운 추억으로 남아 있다. 나도 몇 번 그 대열에 끼었었기 때문이리라.

그 당시에는 아이들이 즐겨 부를 만한 동요가 별로 없어 노래를 거의 부르지 않고 지내는 터에 이런 북한 노래를 적극적으로 부르도록 하니 자연히 아이들 사이에 북한 노래가 마치 유행가처럼 불렸으며 잘 부르는 아이들은 많은 칭찬을 받았기 때문에 더 열심히 불렀던 것 같다.

어른들도 마을에서 모여 이런 노래를 배워 불러야 했으며 잘 못 부르는 사람들은 잘 부르는 사람들로부터 핀잔을 받는 경우가 많아 노래를 배우는데 열심히 하였다. 밤이면 온 마을에 어른이나 아이 구별 없이 군가풍의 노랫소리가 널리 울려 퍼지곤 하였다.

이렇게 밤마다 모여 노래를 부르고 남에게 뒤지지 않기 위하여 시도 때도 없이 부르다 보니 김일성이 마치 이 세상에서 가장 위대한 사람으로 여겨지게 되었으며 공산주의가 살기 좋은 세상인 것처럼 느껴지게 되었다.

사람들을 교화하고 사상교육을 하는 데에는 노래가 큰 몫을 한다는 것을 새삼 깨닫게 해주는 일이었다.

평생 흉터를 지니고

6·25 전쟁이 일어난 지 얼마 되지 않아 우리 고장에도 공산군이 쳐들어와 공산 치하에서 살고 있을 때였다.

우리 마을은 학교 옆에 있어서 어린이들은 공부가 끝나고 나면 운동장에 모여 술래잡기, 나이 먹기 놀이를 비롯하여 여러 가지 재미있는 놀이를 하면서 지냈다.

그러던 어느 날 학교 뒤뜰에서 군복 비슷한 옷을 입은 아저씨들이 목욕탕에 있던 큰 솥을 떼어다 밖에다 걸고 물을 끓이고 있었다. 여러 곳의 순찰을 마치고 돌아올 공산군들을 먹이기 위하여 소를 잡아 고깃국을 끓여 주기 위해서였다.

아직 소는 보이지 않았는데 학교 뒤편에서 약 1Km쯤 떨어진 석계촌에서 소를 끌고 온다고 하였다. 마을에서 몇 마리 안 되는 소 중에서 한 마리를 빼앗아 왔던 것이다.

당시에는 소가 농사를 짓는데 유일한 동력으로 쓰임 받고 있기에 소를 잡아 그 고기를 먹는다는 것은 상상도 못 하던 시절에 그 귀한 소를 빼앗아다가 잡아먹어 버리면 그 마을의 농사는 어떻게 지으란 말인가? 참으로 인정사정없는 모습이었다. 50여 집의 농사를 지어줄 소를 이렇게 빼앗아다가 잡아 먹어버리다니…….

우리는 운동장에서 놀다가 쇠고기를 끓이는 모습을 구경하기 위하여 솥에서 약간 떨어져 있는 살구나무 아래 앉아 놀면서 고깃국이 끓여지는 시간을 기다리고 있는데 정환이가 솥 근처로 가서 기웃거렸다.

어린아이가 곁에 오자 귀찮았던지 느닷없이 한 사람이 솥에서 펄펄 끓는 물을 한 바가지 푸더니 이를 정환이 쪽을 향하여 휙 뿌려버리는 것이 아닌가!

물의 일부가 정환이의 얼굴과 옷소매에 뿌려져 아픔을 호소하며 큰 소리로 울었지만, 그 아저씨들은 뜨거워서 울고 있는 정환이를 빨리 가지 않느냐고 윽박지르며 우리에게도 빨리 다른 곳으로 가지 않으면 혼내주겠다고 야단치는 바람에 부랴부랴 정환이를 데리고 마을로 돌아왔다.

정환이는 뜨거워서 얼굴을 만지면서 엉엉 울고 있는데 6학년 아이가 도랑에서 거무스름한 진흙을 파서 얼굴에 발라주기도 하고 집에 돌아가 백년초를 찧어서 붙이기도 하였으나 별다른 화상 치료 약도 쓰지 못한 가운데 평생을 얼굴에 큰 흉터를 지닌 채 살게 되었다.

원 세상에 국 끓이는데 옆에 좀 서 있다고 그 뜨거운 물을 끼얹어 버리다니 그것도 어린아이에게…….

어린 것이 얼마나 뜨겁고 아팠을까? '덴 아기 보채듯이 괴로워한다.'라는 말이 있듯이 무슨 상처보다도 더 아프고 고통스러운 것이 화상이라고 하는데 지금도 목 놓아 울던 모습이 눈앞에 그려지곤 한다. 어린 것이 무슨 죄가 있다고 말로 하여도 충분한 일인데 어쩌면 이렇게 잔인할 수가 있단 말인가?

이 사실을 알게 된 그의 아버지가 항의하러 학교에 갔다가 제대로 항의도 해보지 못하고 군홧발로 채이기만 한 채 돌아와 시정에서 많은 사람 앞에서 억울함을 호소하는 모습이 애처롭기 그지없었다. 자녀가 가벼운 찰과상만 입어도 마음이 아프고 괴로워하는 것이 부모의 마음일진대 얼굴에 그렇게 큰 화상을 입어 버렸으니 그 마음이 어떠하였겠는가?

정환이는 지금 수도권 지역에 살고 있어 자주 만나지는 못하지만 십수 년 전 추석에 그를 만났을 때 상처를 입은 지 50여 년이 지났지만 오른쪽 광대뼈부터 턱에 이르기까지 거무스름하게 남아 있는 흉터가 마치 전장의 상흔처럼 지워지지 않고 있었다.

몇 사람의 친구들과 그때의 일을 이야기하는 가운데 "청년 시절에는 이 흉터 때문에 얼마나 스트레스를 받았든지 거울을 볼 때마다 그때 일이 생각나 미칠 것 같았다."라는 그의 말에서 그가 얼굴의 흉터 때문에 얼마나 고통을 받았는가를 짐작할 수 있었다.

시도 때도 없이 거울을 들여다보며 얼굴에 작은 뾰두라지 하나만 생겨도 마치 큰일이나 난 것처럼 호들갑을 떨던 사춘기에 손바닥만 한, 그것도 얼굴 한쪽을 뒤덮고 있는 흉터를 지니고 살아야만 했던 그의 괴로움이 얼마나 컸을까?

남들 앞에서 자신 있게 얼굴을 들고 살지 못하였던 그 흉터를 볼 때마다 그날의 악몽이 떠오르곤 한다는 그의 말 속에서 어린아이가 받을 상처나 고통은 아랑곳하지 않고 자기들 마음 내키는 대로 만행을 저지르던 그 잔인한 모습이 엊그제 일같이 선명하게 떠오른다.

'나서기 좋아했던 나도 만일 정환이와 같이 나가서 기웃거렸더라면…….' 현장에 같이 있었던 나에게 등골이 오싹해지는 장면으로 다가온다.

아버지의 절규

우리 이웃에 사셨던 기평 아저씨는 전답이 몇 마지기 되지 않은 어려운 살림에서 4남매를 두고 살았는데 자녀들의 교육에 깊은 관심이 있어서 어려운 형편에서도 큰아들을 중학교에 보냈다.

일제 강점기 말기인 당시에 우리 마을에서 고등학교나 대학을 보낸 집은 없고 중학교에라도 보낸 집이 두 집밖에 되지 않았는데 다른 한 집은 비교적 넉넉한 집이었으나 기평 아저씨네는 학비를 마련하기도 어려운 처지였지만 온 힘을 다하여 중학교를 졸업시켰으나 고등학교에는 진학을 시키지 못하였다.

다행히 큰아들이 학교를 졸업하고 군청에서 급사 일을 하면서도 교직에의 꿈을 갖고 열심히 공부하여 초등학교 준교사 시험에 합격하여 내가 다니던 학교에서 근무하게 되었다.

지금은 초등학교 교사가 되려면 교육대학을 졸업하고 임용고시까지 합격하여야 하지만 그 당시에는 초등학교 준교사 시험이 있어 별다른 학력 제한 없이 시험에 합격하면 교사로 임용되어 경력이 쌓이면 정교사가 되고 교감, 교장에도 이를 수 있었다.

아무래도 교직에 들어가면 생활이 안정되고 사회에서도 상당한 대우를 받고 살았기에 기평 아저씨를 비롯한 가족들이 큰아들에게 온갖 기대를 걸고 살아가고 있었으며 둘째 아들은 초등학교를 졸업하고 농사일을 하고 있었으나 딸과 셋째 아들은 아직 초등학교에 다니고 있어 졸업하면 중학교에 진학시킬 생각이었다.

그런 가운데 6·25 전쟁이 일어나 우리 고장을 공산군이 점령하고 학교도 공산화되고 보니 교직원들도 공산당의 지시에 따라 움직일 수밖에 없었다.

몇 달 후에 국군이 진주하게 되자 공산당이 물러가면서 학교에서 늦은 시간까지 근무하고 있는 교사들을 불러 "오늘 밤만 잘 지내다 오면 될 것 같으니 같이 가자."라고 회유하는 바람에 그의 큰아들도 따라나섰다가 사세가 불리하게 되자 그들이 달아나면서 같이 가자는 요구에 불응하자 죽이고 달아나 버렸던 것이다.

함께 있던 교직원들 가운데 몇 사람과 더불어 별다른 의심 없이 따라나섰던 것이 화근이 되었던 것이다.

가정의 희망이자 가족의 장래를 짊어지고 나갈 큰아들이 졸지에 죽게 되자 가족들의 슬픔은 이루 말할 수 없었으며 가정의 소망이 일시에 사라져버리는 엄청난 결과를 가져오고 말았으며 동생들의 중학교 진학의 꿈도 접을 수밖에 없었다.

특별히 큰아들에게 온갖 기대를 걸고 교사로 일하고 있는 것을 늘 자랑삼아 이야기하며 좋은 아들을 둔 것에 큰 자부심으로 살아왔던 부모들의 마음은 어떠하였겠는가?

기평 아저씨는 너무나 상심한 나머지 식음을 전폐하고 마치 실성한 사람처럼 '내 아들, 내 아들 동훈아, 동훈아……'아들의 이름을 연방 부르며 울부짖다가 아무 곳으로나 내달아 부딪치는 바람에 얼굴이나 몸에 피투성이가 되기도 하였다.

아들의 갑작스러운 죽음에 관마저 마련하지 못하고 대발 쌈(관을 마련할 형편이 못되어 관 대신 대를 엮어 시체를 싸서 매장함)한 아들의 시신 앞에서 "이놈아 무엇 하려고 그놈들을 따라가 이렇게 개죽음을 당한단 말이냐?" 하면서 땅을 치며 통곡하자 시신 앞에서는 혈기를 부리거나 호통을 치는 것은 죽은 자에 대한 예의가 아니라고 하면서 몇 사람이 만류하는 데에도 계속 통곡하다가 마침내 기함해 버렸던 늙은 아버지의 가련한 모습이 지금도 눈앞에 선하다.

결국, 기평 아저씨는 그토록 사랑했던 아들을 가슴에 묻고 시름시름 앓다가 얼마 더 살지 못하고 한 많은 세상을 떠나고 말았다.

책상 없는 천막 교실

6·25 전쟁이 일어났던 해 여름방학 중 잠을 자고 있는데 마루 쪽의 창살 문이 햇빛보다 더 환하게 밝아지더니 방안까지 오랫동안 비추게 되었다.

우리 가족은 깜짝 놀라 깨어 문을 열어 보았더니 학교가 불길에 휩싸여 타고 있는데 마루에 나가자 그 불길이 얼마나 뜨겁던지 200M나 떨어져 있는 우리 집까지도 그 열기가 후끈하게 느껴질 정도로 큰불이 나서 타고 있었다.

후관 8 교실이 아무런 진화 작업이 없이 고스란히 타버리고 말았는데 그래도 바람이 불지 않아 앞 동의 교실이나 마을에 불길이 번지지 않은 것이 천만다행한 일이었다.

불이 한밤중에 났기 때문에 사람들이 깊은 잠에 빠져있고 불길이 너무 세어 사람들의 접근이 불가능했을 뿐 아니라 당시 소방시설이 전혀 없는 상황에서 이를 지켜보고 있는 많은 사람이 발을 동동 구르며 바라보기만 하는 가운데 그야말로 나무토막 하나도 남기지 않고 완전히 타버리고 말았다.

방학이 끝나고 개학이 되었을 때 잿더미 가운데서 타고 남은

회색으로 변해버린 못을 주웠다. 판자 위에 못을 박으려고 돌멩이로 두들겼는데 둥글게 휘어져 버려 도저히 박을 수가 없었다.

강철로 된 못이 연철로 변해버릴 만큼 뜨겁게 불타버렸다.

우리는 교실이 없어 학교의 빈터와 뒤뜰에 천막 여덟 개를 띄엄띄엄 치고 바닥에는 가마니때기를 깔고 책상도 없는 천막 교실에서 공부하게 되었다.

그렇지 않아도 나라가 초창기이라서 교육 시설이 열악하기 짝이 없는 처지에서 햇볕이나 비바람, 눈보라를 얇디얇은 천막으로 가리고 있는 움막 같은 교실에서 책상마저 없이 온종일 쪼그리고 앉아 공부한다는 것은 겪어본 사람이 아니면 그 고통을 알 수 없는 일이다.

요즈음 교실을 짓는 가운데 기한 내에 완공되지 않아 일시적으로 컨테이너 교실을 사용하기도 하지만 어찌 천막 교실과 비교가 되겠는가?

이런 생활을 1년 남짓이나 한 후에야 새로 지은 교실에 들어갈 수 있었다.

다행히 우리는 2학년이어서 오전 수업만 하기 때문에 그런대로 견디며 공부할 수 있었으나 오후까지 공부하는 아이들에게는 고통이 이만저만이 아니었다.

그러기에 날씨가 더운 날이면 커다란 벚나무 그늘을 비롯하여 운동장 가 나무 그늘을 찾아 옹기종기 모여 야외수업을 하는 일이 많았다.

학급마다 서로 넓은 그늘을 차지하려고 경쟁을 하게 되자 돌려가면서 사용할 수 있도록 시간을 배정하기도 하였다.

나무 그늘은 시원하기는 하나 주의 집중이 잘되지 않고 쐐기 같은 벌레들이 많아 몸에 떨어지기라도 하면 어떻게 가렵고 아프던지 침을 발라가며 긁적거리느라고 공부를 제대로 하지 못했던 일이 많았다.

참으로 어려운 시절이었다. 수십 년이 지난 지금까지도 그때의 어려웠던 일이 가끔 생각나는 것은 말할 수 없는 어려움이 가슴속 깊이 응어리져 있기 때문이리라.

밤새도록 불꽃이 치솟으며 대낮같이 불타던 모습, 새까맣게 변해버린 참혹한 잔해, 책상 없는 천막 교실, 그 안에서 쪼그리고 앉아 공부하며 무릎을 책상 삼아 공책을 놓고 글씨를 쓰던 모습들 어찌 이것이 공부하는 학교의 모습이겠는가?

이러한 일이 우리 학교뿐 아니라 전국적으로 4,000여 개의 학교가 화재를 비롯한 여러 가지 피해를 보아 경제적인 손실은 물론 수백만 명의 학생들에게 엄청난 고통을 안겨주었던 일을 생각하면 이러한 야만적인 일을 서슴지 않았던 공산당에 대한 증오감이 타오르는 것은 당연한 일이 아니겠는가?

쫓겨 가면 그냥 달아날 일이지 하필이면 학생들이 공부하며 자라나고 있는 학교에 불을 지르고 달아난단 말인가?

어렵게 살던 피난민들

전쟁이 나서 서울을 비롯한 수도권 지역이 공산 치하에 들어가게 되자 공산당을 피하여 수많은 사람이 피난길에 오르게 되었다.

지역에 연반을 두고 있는 사람들은 고향이나 친척 또는 알음이 있는 지역으로 떠났지만 그런 여건을 갖지 못한 사람들은 우선 살아남기 위하여 전쟁의 위험이 적은 지역을 향하여 정처 없이 떠나온 사람들도 많이 있었으며 특별히 1·4후퇴를 즈음하여 북한 땅에서 정든 고향을 버리고 오직 자유로운 삶을 찾아 월남한 피난민들도 많이 있었다.

아무래도 전라도와 경상도, 제주도 지역이 전선에서 거리가 멀고 아직 공산군의 손이 미치지 않은 곳이 많아 피난처로 쓰임받았다. 특별히 전쟁 내내 공산군이 쳐들어오지 못한 부산을 비롯한 경상도 일부 지역에 많은 피난민이 몰려들었다.

최후통첩이나 선전포고도 없이 기습적으로 일으킨 전쟁이었기에 그리고 서울을 사수하겠다는 정부의 보도를 믿고 일상에 임하고 있다가 갑작스럽게 당한 피난이기에 아무런 준비가 없이 거의 맨몸으로 떠나온 피난길이었다.

가재도구나 식량들을 가져올 겨를도 없고 교통수단도 불편하기 그지없어 당장 필요한 식량이나 옷가지, 침구들을 등에 지고 머리에 이고 어린 것들의 손을 잡고 걸어서 내려온 피난길이었기에 살아갈 수 있는 여건이 전혀 갖추어지지 않아 살길이 막막할 수밖에 없었다.

그래도 일가친척을 찾아온 사람은 그들로부터 도움을 받으며 살아갈 수 있어 어느 정도 생활을 유지할 수 있었으나 무작정 피난길에 올라 낯선 지역에 기착하게 된 사람들은 생활이 막연하고 정착하기까지 엄청난 고통을 겪어야 했다.

우리 고장에도 마을마다 한두 집정도 내려와 살았는데 우리 마을에도 서울에서 송 씨네와 권 씨네가 내려와 살게 되었다.

먼저 내려온 송 씨네는 본래 우리 마을에서 살다가 해방 수년 전에 수도권인 신도로 올라가 자그마한 가내공업을 하며 여섯 가족이 그런대로 행복하게 살다가 전쟁이 터지자 끝날 때까지 피해있을 요량으로 고향으로 내려왔으나 고향을 떠나면서 가산을 다 정리해 버리고 떠났기에 고향에 아무런 기반이 없는 처지에 있었다.

마을에 처남들이 살고 있었지만, 그들도 어렵사리 살아가는 처지에 있어 별다른 도움을 받을 수 없었다.

우선 부부와 4남매 자녀들이 살 수 있는 집이 필요한데 집은 고사하고 여섯 식구가 거처하고 살 수 있는 방도 구하기가 어려워 사정사정 끝에 아래뜸에 겨우 단간 방을 얻어 살게 되었는데 방이 약간 넓기는 하지만 여섯 식구가 살기에는 턱없이 비좁고 불편하기 이를 데 없었다. 더구나 많은 식구가 우선 먹고살아야 하는데 길이 없으니 그 어려움은 이루 말로 표현할 수 없으리만큼 어렵고 험난하였다.

다행히 마을 사람들이 십시일반으로 식량을 모아 주거나 끼니 때면 밥 한 그릇이라도 나누어 먹는 따뜻한 인심 속에서 연명할 수 있었으며 송 씨와 성년이 된 아들 둘이 날마다 품팔이에 나서 겨우 굶지 않고 살아갈 수가 있었다.

이들의 딱한 처지를 긍휼히 여긴 처남들을 비롯한 마을 사람들이 자기들 몫을 챙기기에 앞서 일터를 알선하고 고락을 같이 하는 등 적극적인 보살핌은 환난과 궁핍 속에서 살아가는 그들에게 큰 힘이 되어 주었다.

한편 조금 늦게 내려온 권 씨네는 생판 낯모른 객지인 데다 식구도 7명이나 되어 우선 대가족이 살 수 있는 방이 없어 하는 수 없이 방을 하나 얻어 자기 부부와 두 딸이 단간 방에서 생활하고 세 아들은 이웃집에 작은 방을 얻어 살아가는데 그 고통이 이루 말할 수 없었다.

단간 방에서 딸들과 함께 사는데 비좁고 불편한 점이 많아 권 씨는 다른 집의 사랑방에서 밤을 거의 지내다시피 하였다.

우선 식량이 없어 죽으로 연명해가며 일할 수 있는 삼부자가 남의 집 일을 해주고 겨우 식량을 마련하여 살아가야 하니 얼마나 어려웠겠는가? 오늘날과는 달리 농번기를 제외하고는 농촌에서 별다른 일감이 없고 전쟁 중이라 공장이 잘 가동되지 않고 공사장이 별로 없어 농토가 없이 노동자로 살아가기가 매우 어려운 처지에서 권 씨네의 살림은 말이 아니었다.

다행히 이들에게도 마을 사람들이 잘 도와주어 어려운 가운데에서도 견디어 나갈 수가 있었다.

전쟁이 일어나기 전에는 서울 등지에서 꽤 넉넉한 살림으로 살았던 이들이 느닷없는 전쟁 때문에 피난민이 되어 살림의 기반이 전혀 없고 생존의 길마저 보이지 상황에서 하루하루를 산다는 것은 겪어보지 않은 사람은 상상조차 할 수도 없는 고달프고 지루한 삶의 현장이었다.

두고 온 집을 그리며 전쟁이 끝나기만을 학수고대하며 눈물로 이어온 삶…… 그래도 희망의 끈을 놓지 않고 끈질기게 버텨냈기에 전쟁이 끝난 후 자기들 집으로 돌아가면서 그동안 정을 나누며 살았던 마을 사람들과 서로의 정을 잊지 못하고 벅찬 감격과 눈물로 헤어지던 모습이 너무나 애틋하고 한편으로는 고난을 이겨내고 돌아가는 모습들이 그렇게 행복해 보일 수가 없었다.

그들이 집으로 돌아간 후에도 마을 사람들과의 정을 잊지 못하여 송 씨네는 전에는 멀리 떨어져 살기 때문에 고향에 별로 오지 않았으나 피난살이 후에는 송 씨 내외가 추석 명절이면 10여 년 넘게 성묘 겸 고향을 찾아 마을 사람들과 만남을 이어 왔으며 권 씨네도 집으로 돌아간 이듬해에 마을에 찾아와 귀한 음식과 선물로 동네잔치를 하고 마을 사람들이 서울에 올라가기라도 하면 자기 집으로 초청하여 귀한 음식으로 대접하고 창경원이라든지 남산들을 구경시켜주곤 했던 일들이 어려운 시절을 함께 했던 마을 사람들에게 정 깊고 아름다운 추억으로 남아 있다.